मानसिले जसरी सोच्दछ

मानसिले जसरी सोच्दछ

जेम्स एलेन

अनुवादक का नाम - केशव राज पांडे

SANAGE
PUBLISHING HOUSE

Paperback: 978-936205438-8
Hardback: 978-936205194-3
eBook: 978-936205057-1

Sanage Publishing House LLP
Mumbai, India

sanagepublishing@gmail.com

जेम्स एलेनको जन्म नोभेम्बर 28, 1864 मा ली-सेस्टर, इङ्गल्याण्डमा भएको थियो। उहाँ एक प्रसिद्ध विचारक, दार्शनिक र कवि हुनुहुन्थ्यो। उहाँका कविता र रचनाहरू आज पनि प्रेरणाको स्रोत बनेका छन्। उहाँको क्रान्तिकारी विचारका कारण उहाँ स्वयम् सहायता आन्दोलनको अग्रगामी पनि हुनुहुन्छ। उहाँका कार्यहरू आध्यात्मिक रूपमा प्रेरणादायी र उत्थानदायी मानिन्छन्। 'एज मेन थिंक' उनको दोस्रो पुस्तक हो, तर यो विश्वका चर्चित पुस्तकहरू मध्ये उत्कृष्ट पनि हो।

सामान्य पाठकसँगै मानव जीवनलाई आध्यात्मिक र आत्मनिर्भर बनाउन पुस्तक लेख्ने लेखकका लागि पनि यो पुस्तक निकै महत्वपूर्ण छ। 'विचारहरूको शक्ति'सँग सम्बन्धित यस्ता धेरै पुस्तक उनले लेखेका छन्। यसमा समावेश छ- The Path to Prosperity, Eight Pillars of Prosperity र Book of Meditations: For Every Day of the Year.

जेम्स एलेनका पुस्तकहरूले व्यक्तिगत क्षमताहरू बढाउन विचारहरूको शक्ति कसरी प्रयोग गर्ने ? भनेर सिकाउँछन्। उनी रूपियाँ-पैसा र प्रसिद्धिको पछि लागेनन्। सन् 1912 को जनवरी 24 मा उहाँले संसारलाई अलविदा भन्नुभयो तर नयाँ विचारको आन्दोलनको अग्रगामी भएर उहाँको कार्यले विश्वभरका मानिसहरूलाई प्रभाव पार्ने काम जारी राख्यो, जुन उहाँद्वारा लिखित पुस्तक र रचनाहरूद्वारा आज पनि जारी छ।

मस्तिष्कको शक्तिले मात्र सृजन गर्छ। र मानिस नै मस्तिष्क हो, जसको हातमा सधैं विचारहरूको तीखो औजार हुन्छ, जसलाई यसले लगातार सृजनका लागि प्रयोग गर्दछ। जसका कारण हजारौं खुसीको मालिक बन्छ, अनगन्ती दुःखलाई पनि जन्म दिन्छ। जेम्स एलेन भन्छन्- "यो प्रकृतिको गुप्त रहस्य हो, तर काँचजस्तै स्पष्ट र समयको गति जस्तै बगिरहेको छ।"

विषय सूची

प्रस्तावना 13

1. विचार र चरित्र 15
2. विभिन्न परिस्थितिको विचारहरूमा प्रभाव 19
3. विचारहरूको स्वास्थ्य र शरीरमा प्रभाव 33
4. विचार र उद्देश्य 39
5. विचार: उपलब्धिहरूको एउटा प्रमुख तत्व हो 45
6. उच्च आदर्श र सुन्दर परियोजना 51
7. शान्ति 59

मान्छेले आफ्नो भाग्य आफैँ बनाउछ

प्रस्तावना

यो सानो पुस्तकले (ध्यान र अनुभवको परिणाम हो) विचारको शक्तिको विषयमा सबै जानकारी दिने दाबी गर्दैन। यसले विचारहरू जगाउँछ, तिनीहरूलाई व्याख्या गर्दैन, यसको एकमात्र उद्देश्य पुरुष र महिलाहरूलाई सत्यको खोजी गर्न प्रेरित गर्नु हो। वास्तवमा -

"तिनीहरू आफ्नै निर्माता हुन्।"

विचारको आधारमा हामी चरित्र र परिस्थितिलाई प्रोत्साहन, छनौट र बुन्दछौं। जसरी बुन्नेले लुगा बुन्ने गर्छ। आजसम्म अज्ञानता र दुखमा बुने पनि अब ज्ञान र खुसीमा बुनौँ। यस मानव मनको भित्री र बाहिर दुवैको स्वामी र बुन्ने मान्छे तिमी आफै हौ।

—जेम्स एलेन,
ब्रान्ड पार्क एवेन्यू इल्फ्राकोम्बे, इङ्गल्याण्ड

1

विचार र चरित्र

एउटा भनाइ छ "मानिसले मनमा जस्तो सोच्दछ, त्यही बन्छ", यो विचार यति फराकिलो छ कि यसले मानिसलाई मात्र नभई मानव जीवनको हरेक अवस्था र हरेक परिस्थितिलाई आफ्नो भित्र समेटेको पाइन्छ। यो साँचो हो कि वास्तवमा मानिस पूर्णत: त्यो हो जो उ सोच्दछ र उसको चरित्र उसको विचारहरूको कुल योगफल हो।

जसरी माटाको गहिरो सतह मुनि लुकेको बीउ अंकुरण बिना बाहिर निस्कन सक्दैन। त्यसैगरी, व्यक्तिको प्रत्येक कर्म उसको विचारहरूको परिणाम हो, जुन बीजमा रहेको अदृश्य प्रभाव जस्तै हुन्छ। विचार; अदृश्य होस् अथवा स्पष्ट देखिने, यी विचारहरू बिना कुनै पनि कार्यको कल्पना गर्न सकिँदैन। यो स्पष्ट रूपमा सबै कार्यहरूमा समान रूपमा लागू हुन्छ, चाहे जति छिटो, अप्रत्याशित, अथवा सोचविहीन वा जानाजानी किन गरिएको नहोस्।

कर्म; विचारद्वारा शोषित अथवा फस्टाउँछ। सुख र दु:ख यसको फल वा परिणाम हो। मानिस एउटा बगैँचाको माली जस्तै हो, जसले आफ्नो बगैँचामा मीठो र तितो फलहरू आफै रोप्छ।

“मनमा उब्जेका विचारहरूले नै हामीलाई सृजना गरेको हो। आज हामी जे छौँ, त्यही विचारहरूको परिणाम हो, यदि मान्छेको मनमा गलत विचार फस्टायो भने, दु:खले उसलाई गोरुगाडामा जोडेको गोरुलाई गाडाको पाङ्ग्राले पछ्याएझै पछ्याउँछ।

मानिस स्वयम् ले आफैलाई नष्ट गर्ने र सृजना गर्ने हो।

पक्का जान्नुहोस् कि यदि व्यक्तिको विचार शुद्ध छ र उसमा धैर्य छ भने, सुखले उसको छाया जस्तै पछ्याउँछ।

मानव जीवन प्राकृतिक नियम अनुसार विकास हुन्छ, वास्तुकारको वास्तुकला जस्तो होइन। ‘कारण’ र ‘परिणाम’ विचारहरू भित्र लुकेका छन्। यो विचारहरूको संसारमा पनि उत्तिकै स्थिर, सही र अपरिवर्तनिय छ, जुन भौतिक संसारमा रहन्छ।

एक महान व्यक्तित्व र ईश्वरीय चरित्रको निर्माण संयोग अथवा भाग्यले हुँदैन, तर लामो समयसम्म सही दिशामा राम्रो विचारहरूको निरन्तर पालनपोषणको परिणाम हो। त्यसैगरी, निम्न र क्रूर चरित्र हुनु पनि मनमा घृणित र दुष्ट विचारहरूलाई निरन्तर स्थान दिएको परिणाम हो।

यो मानिस हो जसले आफैलाई सिर्जना गर्दछ वा नष्ट गर्दछ। विचारको कारखानामा उसले त्यस्ता हतियारहरू बनाउन सक्छ जसले उसलाई नष्ट गर्न सक्छ अथवा त्यस्ता औजारहरू बनाउन सक्छ जसबाट उसले आफ्नो बस्नका लागि स्वर्गीय, सुखमय र शान्तिमय महल बनाउन सक्छ।

मानिस आफ्नो विचारको मालिक हो, आफ्नो चरित्रलाई निश्चित ढाँचामा ढाल्ने र आफ्नो परिस्थिति, परिवेश र भाग्यको आफैँ निर्माता हो।

यदि मानिसले सही विचार छनोट गरी सही तरिकामा लागू गर्यो भने उसले ईश्वरसमान पूर्णता प्राप्त गर्न सक्छ।

यसको विपरीत, यदि मानिसले गलत विचार छान्छ र गलत तरिकाले प्रयोग गर्छ भने ऊ पशुको स्तरभन्दा तल खस्छ।

मानिसका सबै चरित्र र गतिविधिहरू यी दुई चरम बिन्दुहरूका बीचमा हुन्छन्, अर्थात् मानिस ईश्वरसमान होस्, असल होस्, साधारण होस्, नराम्रो होस् वा नीच होस्, अधम, जे होस्; उ स्वयम् नै आफ्नो चरित्रको निर्माता र मालिक हो।

वर्तमान समयमा धेरै पुराना र सुन्दर सत्यहरू संरक्षित गरेर प्रकाशमा ल्याइएका छन्, तर ती मध्ये कुनै पनि यति आनन्दमयी, यति लाभदायक, यति दिव्य र विश्वास बढाउने खाले छैनन्, यो तथ्य हो कि मानिस आफ्नो विचारको मालिक हो आफ्नै चरित्रको ढाल्ने र आफ्नै परिस्थिति, वातावरण र भाग्यको निर्माता हो।

जसले खोज्छ, उसलै मात्र पाउँछ

शक्ति, बुद्धिमत्ता, प्रेम र विचारहरूको मालिक भएकाले, मानिसको हातमा चाबी छ जसबाट उसले हरेक परिस्थितिलाई नियन्त्रणमा लिन सक्छ, आफूलाई कायाकल्प वा नवीकरण गर्न सक्छ र आफूले चाहेको बन्न सक्छ।

मानिस सधैँ मालिक नै हुन्छ, आफ्नो सबैभन्दा दारिद्यपूर्ण अवस्थामा पनि। तर आफ्नो कमजोर अवस्थामा ऊ एक मूर्ख मालिक बन्छ जसले आफ्नो ग्राहस्थलाई नराम्रो पाराले सञ्चालन गर्छ।

जब उसले आफ्नो अवस्थालाई विचार गर्न थाल्छ, र उ तीनै नियमहरू खोज्न तत्पर हुन्छ, जसले उसको निर्माण गरेको थियो तब उ एक बुद्धिमान स्वामी बनिन्छ। त्यसपछि उसले आफ्नो सम्पूर्ण शक्ति र बुद्धि आफ्नो विचारलाई लाभदायक र फलदायी बनाउनमा लगाउँछ।

यस्तो मानिस एक जागृत र चैतन्य स्वामी हुन्छ, र उसले आन्तरिक चेतना मार्फत, विचारको नियमहरूको खोजी गरेर, आत्मविश्लेषण र अनुभवको आधारमा यो गर्न सक्छ।

खानीबाट धेरै खोज र खनन गरेपछि मात्र सुन र हिरा पाउन सकिन्छ। यदि मानिसले आफ्नो आत्माको गहिराइसम्म गयो भने, उसले आफूसँग सम्बन्धित सबै सत्यहरू फेला पार्न सक्छ, उसले थाहा पाउन सक्छ कि उसले नै आफ्नो चरित्रको निर्माण गरेको हो, आफ्नो जीवनलाई यो साँचामा ढालेको छ, आफ्नो भाग्यलाई आकार दिएको छ। यसरी अनुगमन, नियन्त्रण र परिवर्तनशील विचारहरूले आफू, आफ्नो जीवन, अरूको जीवनमा कत्तिको प्रभाव पार्छ र कर्म र परिणामहरू धैर्य, अभ्यास, गहिरो विश्लेषण र प्रयोगद्वारा प्राप्त गर्न सकिन्छ भनेर प्रमाणित गर्न सकिन्छ। अनुभव, जुन समझ, बुद्धिमत्ता र शक्ति हो।

"जसले खोज्छ उसले भेट्टाउँछ। जसले ढकढक्याउँछ, उसको लागि ढोका खोल्छ।" यो एउटा शाश्वत नियम हो। धैर्य, अभ्यास र अटल संकल्पले मात्र मानिस ज्ञानको मन्दिरमा प्रवेश गर्न सक्छ।

2

विभिन्न परिस्थितिको विचारहरूमा प्रभाव

मानव मनलाई एउटा बगैँचाको रूपमा हेर्न सकिन्छ, जसलाई एउटा मालीले या त बुद्धिमानीपूर्वक विभिन्न पोषक तत्वहरू प्रदान गरेर हरियो राख्न सक्छ वा लापरवाहीपूर्वक सखाप पार्न सक्छ। मालीले यस बगैँचालाई फुलाउन र फस्टाउनको लागि या त जोत्न सक्छ वा बेवास्ता गर्न सक्छ, जुनै तरिका अपनाए पनि निश्चित रूपमा त्यही अनुसारको परिणाम दिन्छ। यदि बगैँचामा उपयोगी बीउहरू रोपिएको छैन भने, बेकारको झार जङ्गल त्यहाँ उम्रिन्छ। र यदि यसलाई हटाइएन भने, त्यसखाले झार-जङ्गलहरू प्रसस्त मात्रामा बढ्नेछ र सम्पूर्ण बगैँचामा फैलिएर कब्जा गर्दछ।

बगैँचामा, मालीले प्रत्येक बीउ छर्छ, प्रत्येक बिरुवा रोप्छ, र त्यसपछि बिरुवालाई सोही अनुसार पानीको धार दिन्छ। यी बिरुवाहरुको बृद्धि सँगै त्यहाँ उब्जिएका झारपातहरु हटाई आवश्यक पर्ने फलफुलहरु रोप्छौ, त्यसरी नै हामी मानिसहरुले पनि आफ्नो मनरूपी बगैँचाको ख्याल राख्नुपर्छ। अनावश्यक, दूषित र बेकारका विचारहरूलाई दिमागमा ठाउँ दिनु हुँदैन, यो बगैँचा जस्तै हो, यदि

अनुचित विचारहरूले मनको सम्पूर्ण ठाउँ ओगटी दियोभने राम्रा विचारहरूका लागि ठाउँ हुँदैन।

मन होस् अथवा बगैँचा, दुवैसँग ठाउँ सीमित छ। मानिसले आफ्नो मनको बगैँचामा केवल सकारात्मक, शुद्ध, उपयोगी र सही विचारहरूको मात्र खेती र पालनपोषण गर्नुपर्छ। यो प्रक्रिया इमान्दारीपूर्वक अपनाएमा एउटा यस्तो समय आउँछ जब मानिस आफ्नो मनको बगैँचाको माली बन्छ। त्यसपछि उसको आन्तरिक अवस्थाहरूमा पूर्ण नियन्त्रण हुनेछ। यदि मानिसले आफ्नो विचारको वास्तविकता बुझ्यो भने, यो घटना निश्चित रूपमा बुझ्न सकिन्छ कि मन, चरित्र, परिस्थिति र भाग्य सबै राम्रा वा नराम्रा विचारहरूबाट सृष्टि हुन्छन्।

आज तपाईं र म जहाँ छौं,
यो सबै हाम्रो विचारले मात्र सम्भव भएको हो।

विचार र चरित्र अनिवार्य रूपमा एउटै हो, किनभने चरित्र वातावरण र परिस्थिति द्वारा निर्माण हुन्छ। चरित्र निर्माण बिस्तारै बाह्य परिस्थिति र मानव जीवनको आन्तरिक अवस्था बिचको पारस्परिक सम्बन्ध र समन्वयबाट बिस्तारोसँग सिर्जना हुन्छ। त्यसैले चरित्र दीर्घकालीन प्रक्रियाहरूको परिणाम हो। यसको यो अर्थ होइन कि कुनै पनि समयमा हाम्रो परिस्थितिले हाम्रो सम्पूर्ण चरित्रलाई प्रतिनिधित्व गर्दछ। यसको अर्थ ती सबै परिस्थितिहरू हाम्रो विचारधारा र त्यो विशेष समयका लागि आवश्यक पर्ने केही महत्त्वपूर्ण पक्षहरूसँग यत्ति नजिक जोडिएका छन् कि तिनीहरू हाम्रो प्रगतिका लागि आवश्यक हुन्।

मानव आत्माले गोप्य रूपमा जसलाई चाहेको होस्, जोसुकैसँग माया गर्छ र जुनसुकैसँग डराउँछ, त्यसले अन्ततः आकर्षित गर्छ।

आज हामी वा तपाईं जहाँ उभिरहेका छौं, त्यो हाम्रो विचारले मात्र सम्भव भएको हो, त्यही विचारलाई हामीले आफूभित्र अदृश्य चरित्रमा स्थापित गरेका छौँ। यही विचारले हामीलाई यो स्थितिसम्म ल्याएको हो, यी विचारहरू असल होस् अथवा नराम्रो; यीनलाई स्वत: रूपमा मूल्याङ्कन गर्न सकिन्छ। त्यसैले यो स्पष्ट छ कि हाम्रो जीवनको संरचनामा संयोगका लागि कुनै ठाउँ छैन, तर यो सत्य हो कि सबै कुरा त्यही नियमको परिणाम हो, जुन अतुलनीय र अपरिवर्तनीय पनि छ। यो कुरा उनीहरूको लागि समान रूपमा सत्य हो जसले आफ्नो परिस्थितिहरू मेलमिलापबाट विपरीत छ भनी अनुभव गर्छन्, र तिनीहरुका लागि पनि जो आफ्नो परिस्थितिमा सन्तुष्ट छन्।

एकजना प्रगतिशील र सचेत मानवको रूपमा, तपाईं जुन ठाउँमा भए पनि जीवनमा प्रगति गर्न सक्नुहोस्; यो लक्ष्य आवश्यक छ। त्यसोभए जब तपाईंले यी परिस्थितिहरूमा अन्तर्निहित आध्यात्मिक पाठहरूलाई आन्तरिक रूपमा लिनुहुन्छ, तिनीहरू टाढा जान्छन् र अन्य नयाँ परिस्थितिहरूको लागि ठाउँ बनाउँछन्।

हामीले परिस्थितिद्वारा पाएका पीडा तबसम्म सहन्छौं जबसम्म हामी तिनीहरूमा समाहित हुन्छौं र हामी बाहिरी परिस्थितिहरूबाट प्रभावित छौं भन्ने विश्वास गर्न जारी राख्छौं। तर जतिबेला हामीले यो अनुभव गर्छौँ कि हामी परिस्थितिमा भर पर्दैनौँ, तब हामीले परिस्थिति परिवर्तन गर्ने शक्ति प्राप्त गर्छौँ।

आत्म-परीक्षण र आत्म-संयमको अभ्यास गर्ने जो कोहीले पनि परिस्थितिहरू विचारहरूबाट उत्पन्न हुन्छ भनेर जान्दछन्, किनकि उहाँले नजिकबाट यसलाई महसुस गर्नु भएको छ कि उनीको परिस्थितिमा देखा परेका परिवर्तनहरू उनको मानसिक अवस्थामा गरिएका बदलावका अनुसार हुन्छन्। यो पूर्ण रूपमा सत्य हो

कि जब हामी आफ्नो चरित्रका कमी-कमजोरीहरू हटाउन उत्सुकता र उत्साहका साथ आफू स्वयंलाई होमिदिन्छौँ, तब हामी द्रुत गतिमा प्रगतितर्फ अघि बढ्न थाल्छौं। र हाम्रो जीवनमा धेरै परिवर्तनहरू देखा पर्छन्।

मानव आत्माले गोप्य रूपमा जसलाई चाहेको हुन्छ, माया गर्छ र डराउँछ, त्यसलाई एक किसिमले आकर्षित गर्छ। यो भण्डारित शक्तिले आकांक्षाहरूको उचाइमा पुर्‍याउँछ, र त्यो अनिश्चित, बारम्बार देखिने डरको गहिराइमा जान्छ। परिस्थिति त्यो माध्यम हो जसमा विजय वा पराजय पछि आत्माले स्वयंलाई प्राप्त गर्दछ।

प्रत्येक विचार रूपी बीउ, जुन मनको तहमा छरिएको छ वा जरा लिन अनुमति दिइएको छ। यसले बाली दिन्छ, र ढिलो वा छिटो यो कुनै कार्यका रूपमा फस्टाउँछ, त्यसमा फलहरू परिस्थिति अनुसार पाक्छन्। राम्रो नतिजा राम्रो बिचारले पाइन्छ र नराम्रो नतिजा नराम्रो विचारले पाइन्छ।

बाह्य परिस्थितिहरूले मानिसको भित्री दिमाग बनाउँछ र परिस्थिति राम्रो होस् वा नराम्रो, यी ती घटकहरू हुन् जसले मानिसलाई प्रभावित पार्दछ। विपत्तिले मान्छेलाई धेरै कुरा सिकाउँछ। हामी आफ्नै बाली आफैँ काट्छौं; त्यसैले दु:ख होस् वा सु:ख, हामी दुवैबाट सिक्छौं।

वास्तवमा, हामीलाई जे चाहिन्छ त्यसलाई हामी आकर्षित नै गर्दिनौँ, जबकि त्यसलाई आकर्षित गर्दछौँ जो हामी हौं।

हाम्रा सबै आन्तरिक इच्छाहरू, आकांक्षाहरू, विचारहरूलाई पछ्याएर जुन हामीले हामीमाथि हावी हुन दिन्छौँ। अन्ततः तिनीहरू हाम्रो जीवनमा बाह्य परिस्थितिको रूपमा देखा पर्छन् र बिस्तारै भित्री पूर्णतामा पुग्छन्। प्रगति र अनुरूपताको नियम सबै ठाउँमा समान रूपमा लागू हुन्छ।

कुनै पनि मानिस गरिबी वा भाग्य वा परिस्थितिको क्रूरताले जेलमा पर्दैन, तर तल्लो दर्जाको विचार र नराम्रा इच्छाहरूको कारणले पुग्दछ। न त चोखो हृदय भएको व्यक्ति अचानक कुनै बाह्य शक्तिको दबाबमा आएर अपराधबोधले ग्रसित हुन्छ भन्ने पनि हुँदैन। यो बिस्तारै हुन्छ। त्यो व्यक्तिको मनमा अपराधी विचारहरू गुप्त रूपमा भित्रबाट बढ्दै जान्छ छ र मौका जुर्ने बित्तिकै यो पूर्ण शक्तिका साथ प्रकट हुन्छ। परिस्थितिले मान्छेलाई सृजना गर्दैन, बरु मान्छे जस्तो छ सोही अनुसारको परिस्थिति उत्पन्न हुन्छ।

हामीले त्यो प्राप्त गर्दिनौँ जो हामी चाहन्छौं वा प्रार्थना गर्छौं,
तर हामीले त्यो पाउँछौँ जो सही रूपमा कमाएकाछौं।

हाम्रा खराब विचारहरू बाहेक, त्यहाँ त्यस्तो परिस्थितिहरू कहिल्यै हुन सक्दैनन् जसले हामीलाई खराबी वा त्यसको सहयोगी पीडा तर्फ लैजान सक्छ। त्यसै गरी, त्यहाँ कुनै पनि परिस्थिति हुन सक्दैन जसले निरन्तर राम्रो र सफल आकांक्षाहरू उत्पन्न गर्न सक्छ। हामी पुण्य र सफलता र यससँग सम्बन्धित साँचो खुशी तिर उठ्नुपर्छ। तसर्थ, हामी, हाम्रा विचारहरूको मालिक र प्रमुखको रूपमा, हामी आफैलाई सिर्जना गर्छौं, आफ्ना परिस्थितिहरूलाई आकार दिन्छौं र हाम्रो परिस्थितिहरू सिर्जना गर्दछौं।

जन्मको समयमा एउटा आत्मा आफ्नो पूर्ण रूपमा आउँछ र उसको पृथ्वीको यात्रा सुरु हुन्छ। उसले परिस्थितिहरूको मिश्रणलाई आकर्षित गर्छ जो स्वयम् उत्पन्न हुन्छ जुन आफूले लिने हरेक कदममा आफूलाई प्रस्तुत गर्दछ, उसको शुद्धता र अशुद्धता, कमजोरी र शक्ति झल्काउँछ।

हामीले विश्वास गर्नुपर्छ कि हामी जस्तोसुकै अवस्थामा छौँ, हामी यसलाई आकर्षित मात्र गर्दैनौँ, तर हामी यसको निर्माता पनि हौँ। हाम्रा महत्वाकांक्षा, आकांक्षा र छनोटहरू प्रत्येक पाइलामा असफल हुन्छन्। तर हाम्रो भित्री विचार

र इच्छाहरू हाम्रो आफ्नै खानाले शोषण गर्दछ, चाहे राम्रो वा खराब। अन्ततः हामीलाई आकार दिने देवत्व हामी भित्र छ, त्यो हाम्रो आत्मा हो। त्यसोभए, हामी आफैँलाई कैदी बनाउछौँ। हाम्रा आफ्नै विचार र कार्यहरू हाम्रो भाग्यका जेलर हुन्; यदि यो तल्लो विचारमा विभिन्न परिस्थितिहरूको प्रभाव स्तरका र तुच्छ छन् भने, हामी तिनीहरूलाई अवश्य कैदी बनाउँछौँ। तर यिनीहरू मुक्तिका दूत पनि हुन् यदि विचार र कर्म राम्रा छन् भने तिनीहरूले मुक्ति प्रदान गर्छन्।

यो पनि जान्नुहोस् कि हामीले चाहेको वा प्रार्थनामा मागेको कहिल्यै प्राप्त गर्दैनौं, हामीलाई त्यही प्राप्त हुन्छ जसलाई हामीले सही तरिकाले कमाएका हुन्छौँ। हाम्रो इच्छा र प्रार्थनाहरू पूरा हुन्छन् र हामी तिनीहरूको परिणाम तब मात्र प्राप्त गर्छौँ जब हाम्रो विचारहरू र कार्यहरूमा मेल हुन्छ। यदि यो सत्य हो भने यस दृष्टिकोणबाट को विरुद्ध लड्नुको अर्थ हाम्रो जीवनमा के हुन्छ? यसको मतलब यो हो कि हामी प्रत्येक क्षणमा बाह्य प्रभावहरूका विरुद्ध लडिरहेका हुन्छौँ, र एकै समयमा हाम्रो हृदय भित्र तिनीहरूको कारणको शोषण र संरक्षण गर्दैछौँ। यो कारणले नराम्रो वा कमजोरीको रूप लिन सक्छ, तर जेसुकै होस्, यसले दृष्टिकोण धारकको प्रयासलाई कडा रूपमा बाधा पुर्‍याउँछ र उसलाई समाधान खोज्न बाध्य बनाउँछ।

यो एउटा विडम्बना हो कि हामी मध्ये धेरैले आफ्ना परिस्थितिहरू सुधार गर्न चाहन्छौँ, तर आफैँमा होइन। अनि नचाहेर पनि हामी दुविधामा फसेका हुन्छौँ। एउटै कुरा यो हो कि यदि हामी इमानदार आत्म-परीक्षणबाट पछि हटेनौँ भने, हामी हाम्रो हृदयले चाहेको कुरा प्राप्त गर्न कहिल्यै असफल हुने छैनौँ। यो सबै भौतिक विषयहरूका लागि पनि उत्तिकै सत्य हो, जस्तै यो ईश्वरीय विषयहरूको लागि हो। यदि हामी केवल धन प्राप्त गर्न चाहन्छौँ भने, हामीले हाम्रो लक्ष्य प्राप्त गर्ने अघि धेरै ठुला व्यक्तिगत त्यागहरू गर्न तयार हुनुपर्छ। र ती मानिसहरू जो बलियो र शान्त जीवन बिताउन चाहन्छन्, उनीहरूले अझ बढी त्याग गर्नुपर्छ।

जस्तो कि त्यहाँ कोही व्यक्तिहरू छन् जो अत्यन्त गरिब छन्। आफ्नो परिवेश र घरेलु सुखसुविधामा सुधार आउनुपर्छ भन्ने चिन्तामा उनीहरू निकै चकित हुन्छन्, तर पनि ज्याला थोरै पाएकाले आफूले रोजगारदातालाई धोका दिएर सही काम गरिरहेको विश्वास गर्छन्। यी मानिसहरू यो मूलभूत सिद्धान्त जान्दैनन् जो

वास्तविक समृद्धिको आधार हो जो केवल आफ्नो गरीबीदेखि बाहिर निस्कन अयोग्य छन् अपितु नराम्रा परिस्थितिहरूका बारेमा सोचेर त्यसलाई वास्तवमा म मेरो जीवनमा आकर्षित गर्दैछु। वास्तवमा यस्ता सबै मानिस कमजोर, अल्छी र भ्रमित विचारमा बाँचिरहेका हुन्छन्।

अर्कोतर्फ, केहि धनी व्यक्तिहरू छन्, जो अनियमित दैनिक दिनचर्या र अनियन्त्रित खाद्याभ्यासका कारण धेरै रोगबाट पीडित छन्। यी रोगहरूबाट मुक्ति पाउनको लागि उनीहरू धेरै पैसा खर्च गर्छन् तर अत्यधिक खाने बानी र दैनिक दिनचर्यामा अनियमितता परिवर्तन गर्नमा कुनै प्रकारले विश्वास गर्दैनन्। उनीहरूलाई मसालेदार र स्वादिष्ट व्यञ्जनहरू मनपर्छ जसले उनीहरूका इच्छाहरू पूरा गर्दछ र तिनीहरूबाट सबै सन्तुष्टि प्राप्त गर्न चाहन्छन्। त्यस्ता व्यक्तिहरू राम्रो स्वास्थ्यको लागि अयोग्य हुन्छन्, किनभने तिनीहरूले अझैसम्म स्वस्थ जीवनको आधारभूत सिद्धान्तहरू सिकेका छैनन्।

हाम्रो जीवन र दिमागमा काम गर्ने महान् रहस्य हामीलाई अन्तिम पूर्णताको यात्रामा निस्कनुभन्दा धेरै अघि प्राप्त हुनेछ, जुन पूर्णतया जायज छ; तब हामीलाई थाहा लाग्छ कि यो नियमले नराम्राका लागि राम्रो नतिजा अथवा राम्राका लागि नराम्रो परिणाम दिँदैन।

त्यहाँ धेरै यस्ता मालिक छन् जसले ठुलो आर्थिक र व्यक्तिगत लाभको लागि गलत निर्णयहरू अथवा बाटो रोज्ने गर्छन्, साथै आफ्नो स्वार्थको लागि आफ्ना अधीनमा काम गर्ने कर्मचारीलाई पनि थोरै तलब दिने गर्दछन्। यस्तो मालिक समृद्धिको योग्य होइन र जब तिनीहरू दिवालिया हुन्छन्, तिनीहरू परिस्थितिलाई दोष दिन्छन् तिनीहरूलाई थाहा छैन कि तिनीहरू आफैँ यसको लागि जिम्मेवार छन्। उनीहरू आफैँले यो चिन्ताको घडेरी निर्माण गरेका हुन्।

यी तीन उदाहरणहरूले यो सत्यलाई उजागर गर्दछ कि मानिस आफैँ आफ्नो परिस्थितिको निर्माता हो (यद्यपि उसले अचेतन रूपले यो गर्छ) र यसको उद्देश्य पक्कै राम्रो छ, तर यो उद्देश्य प्राप्त गर्ने बाटोमा बाधाहरू मानिस आफैले उत्पन्न गर्दछ। उसले आफ्नो तत्काल उद्देश्यसँग असंगत विचार र इच्छाहरूलाई प्रोत्साहन दिन्छ। त्यसैले उसले त्यो लक्ष्य हासिल गर्न सकेको हुँदैन। यस्ता धेरै उदाहरणहरू प्रस्तुत गर्न सकिन्छ, तर यसको कुनै आवश्यकता छैन। यदि पाठकले चाहे भने, उनीहरूले आफ्नो मनमा र आफ्नो जीवनमा विचारहरूको नियमहरूको परिणाम हेर्न सक्छन्।

हामी मध्ये धेरैजना आफ्नो परिस्थिति सुधार्न चाहन्छौँ तर आफैमा कुनै परिवर्तन ल्याउन चाहँदैनौँ, त्यसैले हामी बन्धनमा बाँधि रहेका हुन्छौँ।

मानव परिस्थितिहरू यति जटिल छन् र विचारहरूका यति गहिरो जरा छन् कि विभिन्न मानिसका आफ्नै पाराका खुशीका भिन्नाभिन्नै परिभाषाहरू छन्। यी यति फरक र जटिल छन् कि अन्य कुनै मानवले मानिसको बाह्य र आन्तरिक परिस्थितिको मूल्याङ्कन गरेर अनुमान गर्न सक्दैन। एक व्यक्ति केहि हदसम्म इमानदार हुन सक्छ, तर अझै पनि आफ्नो जीवनमा समस्याहरू सामना गर्न सक्छ, र एक व्यक्ति केहि हदसम्म बेइमान हुन सक्छ, तर अझै धनी हुन सक्छ। तैपनि, आफ्नो इमान्दारिताले गर्दा मानिसले दुःख पाउँछ भन्ने सोच्नु पूर्णतया बेइमान हो। र उसको बराबरको अरु कोही छ जो बेइमान भएर धनी बन्यो। यस्तो सोच्नु वेबुनियाद वा बेइमान पनि हो किनभने धेरैजसो बेइमान मानिस पूर्णतया भ्रष्ट हुन्छ र इमानदार मानिस पूर्णतया सद्गुणी हुन्छ भन्ने विश्वास गरिन्छ।

गहिरो ज्ञान र व्यापक अनुभवका आधारमा यो निर्णय सही मान्न सकिँदैन। एकजना इमानदार व्यक्तिको तुलनामा, एकजना बेईमान मान्छेमा पनि केहि

प्रशंसनीय गुणहरू हुन सक्छ जुन अरूसँग छैन वा शून्य छ। अर्कोतर्फ, एकजना इमानदार व्यक्तिमा पनि केही नराम्रा गुणहरू हुन सक्छन् (सुक्ष्म गुणहरू भए पनि) जुन अरूमा हुँदैन। इमानदार मानिसले राम्रो विचार र कर्मको फल त पाउँछ तर आफ्नो वद गुण अर्थात् कमजोरीका कारण दुःख पनि भोग्छ। एकजना बेईमान व्यक्तिले पनि त्यसरी नै दुःख वा सुःख अनुभव गर्दछ। यसरी दुवैलाई राम्रो र नराम्रो कर्मको फल प्राप्त हुन्छ।

मानिसको मनले विश्वास गर्न मन पराउँछ कि मानिसले आफ्नो सद्गुणहरूको कारणले दुःख भोग्छ। तर जबसम्म हामीले आफ्नो मनबाट हरेक नकारात्मक, तीतो र कलंकित विचारलाई बाहिर निकाल्दैनौँ र हाम्रो आत्मालाई हरेक अशुद्ध दागबाट सफा गर्दैनौँ, के हामी यो जान्न र घोषणा गर्ने स्थितिमा हुन सक्छौँ कि हाम्रो कष्ट, हाम्रो पीडा हाम्रो भलाइको परिणाम होइन अपितु नराम्रा गुण वा अपकर्मको फल हो? हामी त्यो परम पूर्णताको बाटोमा पुग्नुभन्दा धेरै अघि, हामीले हाम्रो जीवन र मनमा काम गरिरहेको त्यो महान् नियम पत्तो लगाउनेछौँ, जुन पूर्णतया न्यायोचित छ र राम्रोको लागि नराम्रो वा नराम्रालाई नराम्रोफल दिँदैन। जब हामीले यस्तो ज्ञान प्राप्त गर्छौँ तब हामीले महसुस गर्छौँ (हाम्रो विगतको अज्ञानता र अन्धोपनलाई हेर्दै) हाम्रो जीवन सधैँ न्यायसङ्गत छ र हाम्रा सबै विगतका अनुभवहरू सही र गलत, हाम्रो विकसित वा अविकसित स्वरूपको स्पष्ट रूपमा त्यहाँ उचित परिणामहरू थिए।

यो एउटा शाश्वत सत्य हो कि राम्रो विचार र कर्मले कहिल्यै नराम्रो परिणाम दिन सक्दैन। त्यसैगरी, नराम्रो विचार र कर्मले कहिल्यै राम्रो नतिजा दिँदैन। त्यस्तै एउटा अपरिवर्तनीय सत्यका रुपमा यही भन्न छ कि एउटा आँपको रुखबाट केवल आँपको मात्र फल मिल्छ, नीमको रूखबाट नीमको फल मात्र पाइन्छ। हामी प्राकृतिक संसारमा बस्छौँ र यसको नियमहरू बुझ्छौँ र सोही अनुसार काम गर्दछौँ वा काम भइरहेको देख्छौँ, तर यो एउटा विडम्बना हो कि मानसिक र नैतिक संसारमा केवल थोरै मानिसहरूले यो रहस्य बुझ्न सक्षम छन्। यही कारण हो यो सरल, सहज र अपरिवर्तनीय सत्यबाट टाढा हुने मानिसहरू कारण सोही अनुसारको नतिजा प्राप्त गर्न सक्षम हुँदैन।

जबसम्म हामी उत्साहित, स्वस्थ र समृद्धि प्राप्त हुँदैनौं;
यसको अर्थ हो हाम्रो अन्तरमन र विचारमा ठुलो फरक छ।

दुःख वा पीडा तपाईं द्वारा गलत दिशामा लगाइएको सोचको परिणाम हो। यो एउटा सङ्केत हो कि हाम्रो जीवन आफैमा, हाम्रो अस्तित्वको नियमसँग मेल खाँदैन। दुःखको एक मात्र र सर्वोच्च कार्य शुद्धिकरण हो। र जो पूर्णतया बेकार र अपवित्र छ, त्यसलाई जलाउनुहोस् वा नष्ट गर्नुहोस्। तपाईंले आफ्नो दुःखको मूल कारण मन र मस्तिष्कलाई मेटाइदिनुहोस्, त्यसपछि रहेको शेष मात्र पवित्र रहन्छ। सुनबाट फोहोर हटिसकेपछि यसलाई निरन्तर जलाउनुको कुनै अर्थ रहँदैन। त्यसैगरी, जो पूर्णतया पावन र ज्ञानी छ, उ दुःखमा रहँदैन।

हामीले भोग्नुपरेका परिस्थितिहरू हाम्रो मानसिक विसङ्गतिको परिणाम हो। यस्ता परिस्थिति, जसको कारणले हामीलाई अनुग्रह, आनन्द प्राप्त हुन्छ र उत्साहले भरिएको हुन्छ, तिनीहरू हाम्रो मानसिक समन्वयको परिणाम हुन्। आनन्द, उत्साह, यी सबै मानसिक शुद्धता हुन्, भौतिक सम्पतिसँग सम्बन्धित हुँदैनन् बरु यो सही विचार र त्यसका लागि अपनाएको स्पष्ट दृष्टिकोणसँग सम्बन्धित छ। त्यसैगरी हाम्रा दुःख र कष्टहरू भौतिक धनको अभावले होइन् अपितु अनुचित विचारहरूसँग सम्बन्धित छन्। कोही मानिस दुःखी र धनी हुन्छन्, कोही मानिसहरू - सुखी र गरीब - छन्। यो परस्पर विरोधाभास हो।

शुद्धता र धनाढ्यको मिलन तब मात्र हुन्छ जब धनको सही र विवेकपूर्ण उपयोग हुन्छ, जबकि गरिबले त्यतिबेला बढी दुःख पाउँछन् जब उनीहरूले मनलाई अनावश्यक रूपमा बोझ थोपाएका थिए भन्ने विश्वास दिलाउन सफल हुन्छन्।

गरिबी र अतिभोग दुःखका दुई चरम पक्ष हुन्। यी दुवै अप्राकृतिक हुन् र दुवै मानिसको मानसिक असन्तुलनको परिणाम हुन्। जबसम्म हामी खुसी, स्वस्थ र समृद्ध हुँदैनौं, यो हाम्रो भित्री विचारहरू विचलित भएको सङ्केत हो। सुख,

स्वास्थ्य र समृद्धि हाम्रो भित्री र बाहिरी परिस्थितिसँग सम्बन्धित छ। यो उत्साह यी परिस्थितिहरूको समन्वयको अन्तिम परिणाम हो।

जब हामीले गुनासो र निन्दा गर्न छोड्छौँ र हाम्रो जीवनलाई नियन्त्रण गर्ने लुकेको, अदृश्य रहस्य वा कानून पत्ता लगाउन थाल्छौँ, हामी खुशी, स्वस्थ र समृद्ध हुन थाल्छौँ। एकपटक हामीले यो सिद्धान्तलाई हाम्रो मनले ग्रहण गरेपछि, हामी अरूलाई हामीलाई भोग्नु पर्ने दुःखको लागि दोष दिन छोड्छौं। हामी प्रतिकूल परिस्थितिमा चिच्याउन-कराउन छोड्छौँ र हामी हाम्रो भित्र लुकेका शक्ति र सम्भावनाहरूलाई हाम्रो द्रुत विकासको लागि बहुमूल्य र अतुलनीय माध्यमको रूपमा प्रयोग गर्न थाल्छौँ।

हामीले आफ्नो परिस्थितिलाई प्रत्यक्ष रूपमा रोज्दैनौँ,
बरु हाम्रा विचारहरूलाई रोज्दछौँ।

अन्याय होइन न्याय, भ्रष्टाचार होइन नैतिकता यी सृष्टिको सबैभन्दा शक्तिशाली सिद्धान्त हुन् र यी नै संसारलाई ढाल्ने र चलाउने शक्तिहरू हुन्। यसको स्पष्ट अर्थ के हो भने मानिसले आफू स्वयंलाई सही गर्नुपर्छ र त्यसपछि उसले देख्नेछ कि संसारले आफै आफलाई ठीक पार्दछ। यदि कसैले आँखामा कालो चश्मा लगाएको छ भने उसले संसारलाई कालो नै देख्छ। यदि संसारलाई हेर्ने हाम्रो दृष्टिकोण त्रुटिपूर्ण छ भने, हामीले संसारलाई त्रुटिपूर्ण देख्नेछौँ। जब हामी आफ्नो दृष्टिकोण र विचारहरूमा परिवर्तन ल्याउँछौ, त्यसै बखत संसारमा घट्ने घटनाहरूमा अचानक परिवर्तनहरू देखा पर्छन्।

यो सत्यको प्रमाण संसारका प्रत्येक व्यक्तिमा छ। यसलाई नियमित आत्म-परीक्षण र आत्म-विश्लेषणको सरल मूल्याङ्कनबाट थाहा लाउन र बुझ्न सकिन्छ। यदि हामीले आफ्नो विचारमा भएको यो मौलिक परिवर्तनलाई हेर्‌यौँ भने, हामी

हाम्रो भौतिक जीवनको विभिन्न परिस्थितिहरूमा भएको अचानक परिवर्तन देखेर छक्क पर्नेछौँ। यो परिवर्तन पछि, हामीले महसुस गर्न सक्छौँ कि हामी हाम्रा यी अद्वितीय विचारहरू गोप्य राख्न सक्छौँ, तर त्यसो गर्नु हुदैन। बरु, यो सौभाग्यले चाँडै हाम्रो बानी बन्छ र यो बानीले परिस्थितिको रूप लिन्छ।

असल विचार र कर्मले कहिल्यै नकरात्मक परिणाम दिन सक्दैन, तपाईंले नकारात्मक विचार र कार्यहरूबाट राम्रो परिणामको आशा गर्न सक्नुहुन्न।,

नराम्रो विचार, आक्रोश र लागुऔषधको सेवन बिस्तारै बानीमा परिणत हुन्छ र फलस्वरूप यो बानीले व्यक्तिको दुःख, पीडा र गरिबीको रूप लिन्छ। यी आत्म-विनाशकारी विचारहरू आत्म-भोगी, थकाउने बानीहरू हुन्छन् जसले हामीलाई हाम्रो लक्ष्यबाट विचलित गर्दछ र प्रतिकूल परिस्थितिहरू सिर्जना गर्दछ। डर, शंका र अनिर्णयकारी विचारहरूले कमजोर र नमिल्दा बानीहरूको रूप लिन्छ, जसले असफलता, गरिबी र अरूमाथि बोझ बन्ने अवस्थाको रूप लिन्छ। अल्छी विचारले बेइमान र फोहोरको रूप लिन्छ, जसले गरिबी र पतनको रूप लिन्छ। घृणित र दण्डात्मक विचारले हिंसा र दोषारोपणको बानीको रूप लिन्छ, जसले चोट र सजायको पाउने लायकको परिस्थितिको आकार लिन्छ। सबै प्रकारका स्वार्थी विचारहरूले स्वार्थलाई मात्र जन्म दिन्छ, जसले व्यक्तिको लागि पीडादायी परिस्थितिहरू सिर्जना गर्दछ।

जब हामीले आफ्नो स्वार्थी र विनाशकारी विचार त्याग्छौँ, तब सम्पूर्ण ब्रह्माण्ड हामीप्रति नरम भावना लिएर हामीतर्फ अघि बढ्न थाल्छ र हामीलाई मद्दत गर्न तयार हुन्छ।

यदि हामीले यसको अर्को पक्षलाई हेर्दा राम्रो विचार, दया र भलाइले उत्साहको रूप लिन्छ, जसले प्रिय र सुखद परिस्थितिलाई आकार दिन्छ। रचनात्मक विचार, आत्म-नियन्त्रण र सन्तुलित मनको रूप लिन्छ। जसले शान्ति र विश्रामको अवस्थाको आकार लिन्छ। साहस, आत्मनिर्भरताका विचारले शक्तिशाली र फलदायी बानीहरूको रूप लिन्छ, जसले सफलता, प्रशस्तता र मुक्तिको अवस्थाहरूको आकार दिन्छ। ऊर्जावान विचारहरूले राम्रो र प्रगतिशील बानीहरूलाई जन्म दिन्छ। कोमल र क्षमाशील विचार नम्रताको बानी बन्छ, जसले सुरक्षित र स्वस्थ परिस्थितिलाई आकार दिन्छ। मायालु र नि:स्वार्थ विचारहरू, अरूका निम्ति आफैलाई बिर्सने बानीको रूप लिन्छ, जसले निश्चित र स्थायी प्रचुरता र वास्तविक समृद्धिको लागि अवस्थाहरू सिर्जना गर्दछ। लामो समयसम्म एउटै विचारधारामा रहे त्यो राम्रो होस् वा नराम्रो होस् त्यसले चरित्र र परिस्थितिमा प्रभाव अवश्य छोड्छ। निस्सन्देह, हामीले प्रत्यक्ष रूपमा हाम्रो परिस्थितिहरू छनौट गर्न सक्दैनौँ, तर हामीले हाम्रा विचारहरू छनौट गर्न सक्छौँ, र यो सानो परिवर्तनले निश्चित रूपमा अप्रत्यक्ष रूपमा हामीले सोच्ने परिस्थितिहरूलाई आकार दिन सक्छ।

जो मानिसले आफ्नो विचारलाई आफ्नो उद्देश्यसँग जोड्छ, ऊ आफ्नो मानसिक शक्तिको सचेत र बुद्धिमान शासक बन्छ।

प्रकृतिले हामीसँग र हामी मार्फत् काम गर्छ, ताकि हामीले आफूभित्र शोषण गर्ने विचारहरूको आनन्द लिन सकौँ। यस्ता अवसरहरू निरन्तर प्रकृतिद्वारा प्रस्तुत हुन्छन्, नराम्रा वा विनाशकारी विचारहरूलाई माथि ल्याउँछन्।

जब हामी हाम्रो घृणित र विनाशकारी विचारहरू त्याग्छौँ, तब सारा संसार हामीप्रति उदार हुन्छ र हाम्रो कमजोर र भ्रष्ट विचारहरू छोड्ने बित्तिकै त्यस्ता अवसरहरू देखा पर्न थाल्छन्, ताकि हाम्रो दृढ संकल्प होस् मद्दत गर्न। जब हामी राम्रो विचारहरू खेती गर्छौँ, कुनै पनि दुर्भाग्यले हामीलाई लाज र पीडाले घेर्दैन। संसार हामी भित्र सृजना भएको यो विविधता देखाउने एउटा टेलिस्कोप हो, र हरेक क्षणमा यसले विभिन्न रङहरू प्रस्तुत गर्दछ, जुन हाम्रा सदा विकसित विचारहरूको अद्भुत चित्रहरू हुन्।

3

विचारहरूको स्वास्थ्य र शरीरमा प्रभाव

शरीर मनको सेवक हो। यसले मनको आदेशहरूको पालनगर्छ, चाहे ती आदेशहरू विचारपूर्वक दिइएका हुन् वा स्वयम् प्रकट भएका हुन्। शरीर सेवाको प्रकृतिले बाँधिएको छ, यसले आदेशलाई बेवास्ता गर्न सक्दैन। दूषित विचारका कारण मानिसको शरीर चाँडै नै रोगले कमजोर भएर पतनतर्फ जान थाल्छ। जब मनले आनन्दमय र सुन्दर विचारहरू प्राप्त गर्दछ, तब यो आज्ञा पालन गरेर शरीरलाई सुन्दरता र युवावस्थाले सुसज्जित गर्न थाल्छ।

परिस्थिति जस्तै, रोग र स्वास्थ्यका जरा पनि विचारमा निहित छ। रोगी विचारहरू बिरामी शरीर मार्फत प्रकट हुनेछन्। यो पत्ता लागेको छ कि डरका विचारहरूले गोली वा अन्य कुनै हतियारको रूपमा एक व्यक्तिलाई छिटो मार्छ, र यो डरका विचारहरूले हजारौँ मानिसहरूलाई समान रूपमा तर बिस्तारै मार्छन्। कुनै न कुनै रोग लाग्ने डरले जिउने मानिसहरु,

प्राय: तिनीहरूलाई एउटै रोगले समात्छन्। चिन्तित विचारहरू अर्थात् चिन्ताले धेरै चाँडै सम्पूर्ण शरीरलाई निराश बनाउँछ र शरीरलाई रोगको प्रवेशको

लागि कमजोर बनाउँछ। गलत विचारहरूले शारीरिक रूपमा आक्रमण नगरे पनि मन र मस्तिष्कमा यसको गहिरो प्रभाव पर्छ।

चिन्तित विचारहरू, राम्रा विचारहरू जस्तै, धेरै चाँडै काम गर्न थाल्छ र सम्पूर्ण शरीरलाई निराश बनाउँछ, यसले रोगको प्रवेशको लागि अनुकूल बनाउँछ।

बलियो, शुद्ध र खुसी लायक विचारहरूले व्यक्तिको शरीरलाई उत्साह र सकारात्मक ऊर्जाले भर्दछ। शरीर एउटा नाजुक र अनुकूलनीय उपकरण हो, र यसमा कार्य गर्ने सबै विचारहरूमा सजिलै प्रतिक्रिया गर्दछ। यी सबै विचारहरूले बानीको रूप लिन्छन् र शरीरमा प्रभाव छोड्छन्, चाहे तिनीहरू राम्रो होस् वा नराम्रा।

जसले आफ्नो खानपानमा सकारात्मक परिवर्तन ल्याएका छैनन्, उनीहरुको विचारले पनि सहयोग गर्दैन। खानाको शैलीले विचारहरूको शोषण गर्छ।

जबसम्म मानिसको मन र मस्तिष्कमा अशुद्ध र अस्वस्थ विचारहरू प्रवाहित भइरह्यो भने त्यस अनुसार तिनीहरूमा अशुद्ध र अस्वस्थ रगत बग्छ। स्वस्थ हृदयबाट पवित्र जीवन र पवित्र शरीर निस्कन्छ। दूषित मनबाट अस्वस्थ जीवन र अपवित्र शरीरको जन्म हुन्छ। मन र मस्तिष्क; यो जीवनको विचार, कार्य र

उत्साहपूर्ण अभिव्यक्तिको आधारभूत स्रोत हो। यदि हामीले यो श्रोतलाई शुद्ध गर्यौं भने भित्र र बाहिर सबै शुद्ध हुन्छ।

राम्रो विचारले मात्रै असल बानीहरू बनाउँछ।

खानपानको शैली परिवर्तन गर्नाले आफ्नो विचार परिवर्तन गर्न नचाहनेहरूलाई मद्दत गर्दैन। जब हाम्रो विचार शुद्ध हुन्छ तब हामी अपवित्र भोजन गर्न चाहँदैनौं। स्वच्छ विचारले मात्र स्वच्छ बानीहरूको सिर्जना गर्छ। जसले आफ्नो विचारलाई बलियो र शुद्ध बनाएको छ उसले कुनै पनि हानिकारक परिस्थितिहरू देखि डराउनु वा आत्तिनु पर्दैन।

यदि तपाईँ आफ्नो शरीरलाई पूर्णतया स्वस्थ राख्न चाहनुहुन्छ भने, आफ्नो मन र मस्तिष्कको सुरक्षा गर्नुहोस्। यदि तपाईं आफ्नो शरीरलाई नयाँ राख्न चाहनुहुन्छ भने, यसलाई राम्रो बनाउन चाहनुहुन्छ भने सबैभन्दा पहिले आफ्नो मनलाई सुन्दर बनाउनुहोस्। गलत इच्छा, ईर्ष्या, निराशा, उदासीको विचारले शरीरको स्वास्थ्य र यसको शुद्ध चमकलाई नष्ट गर्दछ। झ्याउसो अनुहार अचानक बन्दैन, यो क्रोधित विचारहरूले सिर्जना गर्दछ। मुर्खता, पीडा र घमण्डका कारण अनुहार चाउरी पर्दछ। चिन्ताग्रस्त व्यक्तिको अनुहार सामान्यको तुलनामा बिरामी र वेदनाक्लिष्ट देखिन्छ।

किचकिचे अनुहारको चमक शून्य हुन्छ, यो पनि कहिलेकाहीँ सामान्य रूपमा देख्न सकिन्छ, यसको पछाडि ती मूर्खताहरू मात्र हुन्छन्, पीडा र घमण्ड जस्ता चरम विचारहरू संलग्न छन्, जसलाई व्यक्ति आफैले क्रमशः शोषित गरेको हुन्छ।

म एउटी यस्ती महिलालाई चिन्छु जो छनाब्बे वर्षकी हुन्। तर उनको अनुहार सानी केटीको निर्दोषता देखिए जस्तै चम्किलो र निखारिएको देखिन्छ। म एक जना मध्यम उमेरका मानिसलाई पनि चिन्छु, तर उसको अनुहार अप्राकृतिक मुजाले (च्याउरी) भरिएको छ। एउटा सुखी हृदय सकारात्मकताको परिणाम हो, जबकि अर्को पीडा र असन्तुष्टिको परिणाम हो।

हामी सबैलाई थाहा छ कि हामी बस्नको लागि सुन्दर र भरपर्दो ठाउँ बनाउन सक्दैनौँ जबसम्म हामीले हाम्रो कोठामा हावा र प्रकाशलाई स्वतन्त्र रूपमा प्रवाह गर्न दिँदैनौँ। साथसाथै बलियो शरीर र दिमाग, खुशी र शान्त अनुहार तब मात्र प्राप्त गर्न सक्छौँ जब हामी हाम्रो मनमा आनन्द हर्ष, सद्भावना र शान्त विचारहरूलाई खुला रूपले आउने अनुमति दिन्छौँ।

वृद्ध मानिसहरूको अनुहारमा सहानुभूतिका मुजाहरू हुन्छन्, केहि बलियो र शुद्ध विचारहरू द्वारा र धेरै नकारात्मक भावनाहरूले र फरक देख्न सक्दैनन्? जाहिर छ, जसले न्यायसंगत जीवन बिताएका छन्, उनीहरुको जीवन अस्ताउँदो सूर्य जस्तै शान्त, स्तब्ध र कोमल भएको छ।

शरीरलाई रोगबाट टाढा राख्ने सबैभन्दा उत्तम उपाय भनेको जीवन्त विचारहरूलाई शोषित गर्नु हो, यो भन्दा राम्रो डाक्टर अर्को कोही छैन। दुःख र धोकको छायाँ हटाउन सद्भाव जति सान्त्वनादायी अरू केही हुन सक्दैन।

भर्खरै, मैले एकजना दार्शनिकलाई उनको मृत्युको अन्तिम क्षणमा देखें। वा भन्नु हो भने, उहाँ मृत्यु शैयामा हुनुहुन्थ्यो। उनको शरीर बाहेक अन्यत्र बूढो देखिँदैनथे। उनको मृत्यु पनि उनको जीवन जस्तै शान्तिपूर्ण थियो जति उनको जीवन शान्त थियो। शरीरका रोगहरू टाढा हटाउन जीवन्त विचारहरूको पालन-पोषण भन्दा

राम्रो डाक्टर अरू कुनै हुन सक्दैन; दु:ख र शोकको छाया हटाउनको लागि सद्भाव जति चित्त बुझ्दो कुरा अरु केही हुन सक्दैन। सधैँ अरुको बारेमा नकारात्मक सोच्नु, अनुचित र दोषपूर्ण भावना राख्नु, शंकालु हुनु र ईर्ष्याको विचार पाल्नु भनेको आफैले बनाएको जेलमा खुशी हुनु जस्तै हो। सबैको बारेमा राम्रो सोच्नु, सबैसँग खुसी हुनु, सबैमा राम्रो देख्न धैर्यताका साथ सिक्नु, यस्ता नि:स्वार्थ विचारहरूले मानिसलाई स्वर्गतिर लैजान्छ। हरेक प्राणीप्रति दिनप्रतिदिन शान्तिपूर्ण विचार राख्ने व्यक्तिलाई स्वत: नै अद्भुत शान्ति प्राप्त हुन थाल्छ।

4

विचार र उद्देश्य

जबसम्म हामीले हाम्रो विचारलाई हाम्रो उद्देश्यसँग जोड्दैनौँ, तबसम्म हाम्रो इजीवनमा कुनै पनि असामान्य एवम् प्रतिष्ठित उपलब्धि हासिल हुँदैन। अधिकांश मानिसहरू के गर्छन् भने तिनीहरू आफ्ना विचारहरूको डुङ्गामा बस्छन् र समुद्रमा बग्ने दिशाहीन धारामा आफैलाई बग्न दिन्छन्। स्मरण रहोस्, दिशाहीनता हरेक तहमा नराम्रो हुन्छ र विपत्ति र विनाशबाट टाढा रहन चाहनेहरूले असाध्यै सावधानी अपनाउनुपर्छ र त्यस्ता दिशाहीन धाराहरूबाट आफूलाई बचाउनुपर्दछ।

जीवनमा कुनै उद्देश्य नभएका व्यक्तिहरू चाँडै निम्न स्तरका चिन्ता, बेकारको कुरा, डर, समस्या र आफुप्रति दयाको भाव राख्ने सोचले ग्रस्त हुन्छन्, यी सबै कमजोरीका लक्षण हुन्। यी सबै नराम्रा विचारहरू हुन्, जसले व्यक्तिलाई असफलता, दुखी र हानितर्फ लैजान्छ। जसरी पूर्वनियोजित अपराधले हामीलाई तल खसाल्छ किनभने कमजोरी शक्तिशाली ब्रह्माण्डमा बस्न सक्दैन।

लक्ष्यविहीन व्यक्तिले केही समयको लागि मानिसहरूको सहानुभूति पाउँछ, तर उ भित्रबाट चाँडै नकारात्मक विचार, चिन्ता, व्यर्थको कुरा, डर र समस्याले ग्रसित हुन्छ।

एकजना व्यक्तिले आफ्नो हृदयमा न्यायपूर्ण कारणको कल्पना गर्नुपर्छ र यसलाई वास्तविक रूप दिनका लागि काम गर्नुपर्छ। हामीले यो उद्देश्यलाई हाम्रो विचारको केन्द्रबिन्दु बनाउनु पर्छ। त्यस समयमा हाम्रो प्रकृति अनुसार, यसले आध्यात्मिक लक्ष्य वा भौतिक वस्तुको रूप लिन सक्छ। तर जेसुकै होस्, हामीले आफ्नो सोच-शक्तिलाई पूर्ण दृढ संकल्प र विश्वासका साथ केन्द्रित गर्नुपर्छ।

हामीले यी विचारहरूलाई आफ्नो परम कर्तव्य मानेर यो उद्देश्य प्राप्तिका लागि काम गर्नुपर्छ र यसको प्रगतिका निम्ति आफूलाई समर्पित गर्नुपर्छ। हामीले यी विचारहरूलाई क्षणिक स्वार्थ, चाहना र कल्पनाको पछि लाग्न नदिने कुरामा पनि ध्यान दिनुपर्छ।

आत्म-नियन्त्रण एक प्रकारको शाही मार्ग र विचारको साँचो एकाग्रता हो। यदि हामी बारम्बार हाम्रो उद्देश्य प्राप्त गर्न असफल भयौँ भने, हामी हाम्रा कमजोरीहरू माथि नउठेसम्म यो भइ नै रहनेछ। चरित्र बलियो हुनु कुनै पनि मानिसको जीवनको वास्तविक सफलता हुनेछ, र यो भविष्यको शक्ति र विजयको नयाँ सुरुवात हुनेछ।

जो मानिस आफ्नो जीवनमा कुनै ठुलो लक्ष्य हासिल गर्न चाहँदैनन्, उनीहरूले पनि आफ्नो विचारलाई आफ्नो जीवनमा केन्द्रित गरेर कुनै काम

गर्नुपर्छ। उनीहरुको काम सानो भए पनि। केवल एउटा यस्तो तर्कले विचारहरूलाई केन्द्रित गर्न सकिन्छ र संकल्प र ऊर्जालाई विकशित पार्न सकिन्छ।

कुनै पनि मानिस जसले शंका र डरलाई जितेको छ उसले पक्कै पनि हरेक असफलतामाथि सफलता आर्जन गरेको छ।

कमजोर आत्माले आफ्नो कमजोरी थाहा पाएर प्रयास र अभ्यासले मात्र शक्तिको विकास हुन्छ भन्ने सत्यमा विश्वास राखेर तुरुन्तै प्रयास गर्छ। जसरी शारीरिक रूपमा कमजोर व्यक्तिहरूले होसियारी र धैर्यतापूर्ण तालिमले आफूलाई सशक्त बनाउँछन्, त्यसरी नै कमजोर विचार भएका व्यक्तिहरूले स्पष्ट र राम्रो सोचको निरन्तर अभ्यासले आफूलाई बलियो बनाउन सक्छन्।

शंका र डरलाई जित्नु मान्छेको सफलताको पहिलो पाइला हो।

दिशाहीनता र कमजोरीलाई टाढा पन्छाएर कुनै उद्देश्यका साथ सोच्नु भनेको असफलतालाई सफलता प्राप्तिको मार्गको रूपमा स्वीकार गर्ने र सबै परिस्थितिहरूलाई आफ्नै बनाउन सक्ने शक्तिशाली व्यक्तिहरूको श्रेणीमा सामेल हुनु हो अनि यसलाई आफ्नो अनुकूल बनाउछन्, र जसले सशक्त सोच राख्छन्, बिना कुनै डर कोसिस गर्छन र यसलाई कुशलतापूर्वक प्राप्त गर्छन्। तिनीहरू हरेक पल आफूलाई विकशित पार्दछन् र अन्ततमा ठुलो शक्ति प्राप्त गर्छन्।

कमजोर मानिस भित्रको मनलाई छाडेर यस वैभवपूर्ण र शक्तिशाली ब्रह्माण्डमा कतै पनि कमजोरीको निवास छैन।

मानिसले आफ्नो जीवनको उद्देश्य तय गर्नुपर्छ र त्यसपछि मानसिक रूपमा त्यसलाई प्राप्त गर्ने सीधा बाटो तय गर्नुपर्छ। जब बाटो सही तरिकाले तय हुन्छ, तब हामीले बायाँ-दायाँ वा तल-माथि हेर्नु हुँदैन। यसमा मनमा कुनै किसिमको बहस हुनुहुँदैन र यसका साथसाथै हामीले शंका र भयलाई पनि नष्ट गर्नुपर्छ। यी ती विभाजनकारी तत्वहरू हुन्, जसले हाम्रो लक्ष्यको दिशा बिगार्न प्रोत्साहन दिन्छन्। यी दुष्ट तत्वहरूले हामीलाई असफलतातिर डोर्याउँछन्। जब मनमा डर र शंका उत्पन्न हुन्छ, तब हाम्रो उद्देश्य, ऊर्जा, शक्ति र सबै शक्तिशाली विचारहरू एकाएक स्तब्ध हुन्छन्। डर र शंका मानव एकाग्रताका शत्रु हुन्। यी मानिसको आत्म-विश्वासका पनि शत्रु हुन्। जबसम्म यी शत्रुहरू तपाईँका मनमा रहन्छन्, तबसम्म तपाईं आफ्नो लक्ष्यमा पुग्नको लागि पूर्ण शक्ति र एकाग्रताका साथ प्रयास गर्न सक्नुहुन्न। तसर्थ, यो महत्त्वपूर्ण छ कि तपाईँले आफ्नो मनबाट यो डर र शंकालाई निकाल्नुहोस् र एकाग्रता र आफ्नो मनमा आत्म-विश्वास राख्नु हो।

जसले पनि आफ्नो विचारलाई आफ्नो उद्देश्यसँग जोडेको छ उ आफ्नो मानसिक शक्तिको सचेत र बुद्धिमान शासक बनेको छ।

हामी केही गर्न सक्छौं भन्ने ज्ञानबाट मानव मनमा केही हासिल गर्ने र गर्ने इच्छा उत्पन्न हुन्छ। तर भित्र जन्मेको शंका र भय ज्ञानका सबैभन्दा ठूला शत्रु हुन् र त्यसलाई बढावा दिने र यसखाले सोचलाई मार्ने वा आक्रामण नगर्ने मान्छेहरू आफैलाई प्रगतिको मार्गमा अप्रभावी बनाउँछन्। शंका र डरलाई जित्ने व्यक्ति असफलतामा पनि सफलता प्राप्त गर्दछ।

शंका र डरलाई जित्ने मानिसहरूले असफलतालाई जितेका छन्। तिनीहरूका हरेक विचार सामर्थ्यसँग जोडिएको हुन्छ, र तिनीहरू सबै समस्याहरूको साहसपूर्वक सामना गर्न सक्छन् र तिनीहरूलाई बुद्धिमानीपूर्वक नियन्त्रण गर्न सक्छन्। यस्ता संयमित व्यक्तिको उद्देश्य समय अनुसारको हुन्छ र समयमै पूरा गर्नमा सफलता हासिल गर्दछन्। उनीहरू आफ्नो उद्देश्यको बीउ उपयुक्त समयमा रोप्छन् र यसैले उनीहरूका रूखका फलहरू असमयमा भुइँमा झर्दैनन्।

कुनै पनि मानिसको जीवनको वास्तविक सफलता उसको चरित्रको बलमा निर्भर गर्दछ, र यो उसको भविष्यको शक्ति र विजयको नयाँ सुरुवात हुनेछ।

डर बिनाको विचार; उद्देश्यपूर्ण रचनात्मक शक्तिमा परिणत हुन्छ। यो गहिरो रहस्य जान्नेहरू सधैँ तयार हुन्छन्। परिस्थिति अनुसार उनीहरूको विचारमा कहिल्यै विचलन वा स्थिरता देखा पर्दैन। उनीहरू योद्धा जस्तै अडिग रहन्छ। उनीहरूले निरन्तर आफ्ना विचारहरूलाई आफ्नो उद्देश्यसँग जोड्छन् र आफ्नो मानसिक शक्तिको सचेत र बुद्धिमान शासक बन्छन्।

5

विचार: उपलब्धिहरूको एउटा प्रमुख तत्व हो

मानिसले जे हासिल गर्छ वा जे हासिल गर्न चाहन्छ तर असफल हुन्छ, यो सबै उसको राम्रो अथवा नराम्रा विचारहरूको परिणाम हो। यो सबै संसारमा सन्तुलन कायम राख्ने र बिग्रनुको कारण हो। जहाँ प्रकृतिमा सन्तुलनको कमी हुन्छ, त्यहाँ विनाश हुन सक्छ। त्यसैगरी प्रत्येक व्यक्तिको केही निश्चित जिम्मेवारी हुन्छ, जुन सन्तुलित रहँदै पूरा गर्नुपर्छ।

सौभाग्य देखि यो ब्रह्माण्ड न्यायसंगत छ। जतिसुकै बलियो होस् वा जति कमजोर किन नहोस्, जति नै शुद्ध वा अपवित्र होस्, जतिसुकै सकारात्मकता र नकारात्मकता हावी भए पनि; यो सबै तपाईँको आफ्नो हो, यो तपाईं भित्र छ, तपाईं यसको मालिक हो, यो अरु कसैको होइन। तपाईंको जस्तो अवस्था होस्, राम्रो वा नराम्रो, उच्च वा नीच, यो सबै तपाईँको हो, यो अरू कसैको हुँदैन। तपाईंको दु:ख र सुख आफ्नो भित्रबाट फुटेर बाहिर निस्कन्छ। तपाईंले जीवनमा जस्तो तरिकाले सोच्नुहुन्छ तपाईं त्यस्तै हो। र जसरी तपाईं सोचिरहनुहुन्छ, त्यस्तै बन्नुहुन्छ।

यो सृष्टि न्यायपूर्ण हो। त्यसैले न्याय पाउनका लागि तपाईंले पाइला चाल्नुपर्छ।

यो संसारको एउटा निर्विवाद सत्य यो हो कि सशक्त मानिसहरूले तबसम्म कमजोरहरूलाई मद्दत गर्दैनन् जबसम्म कमजोरहरू मद्दत माग्न इच्छुक हुँदैनन्। यसका बाबजुद पनि कमजोर व्यक्ति आफैं बलियो बन्नु पर्छ, उसले आफ्नो प्रयासबाट त्यो शक्ति विकास र प्राप्त गर्नुपर्ने हुन्छ, जसको सधैँ अरूले प्रशंसा गर्छन्। स्मरणरहोस्, केवल तपाईं आफ्नो परिस्थितिको निर्माता हो र केवल तपाईंले यसमा परिवर्तन ल्याउन सक्नुहुन्छ।

'जिन्दगीमा तपाईं जे सोच्नुहुन्छ, तपाईं त्यस्तै हो, जस्तो तपाईं सोचि रहनुहुन्छ तपाईं त्यस्तै बन्दै जानुहुन्छ।' यो क्रम हो, जुन परिवर्तन हुँदैन। शोषक र शोषित दुवैले अज्ञानताबाट सहयोग गर्छन्। दुवैले एकअर्कालाई चोट पुर्याउँछन्, वास्तवमा तिनीहरूले आफैलाई चोट पुर्याइरहेका हुन्छन्। सामान्यतया व्यक्तिले प्राप्त गरेको वैभवलाई पूर्ण ज्ञान, कर्मको नियमले शोषितको कमजोरी र शोषकको दमनकारी शक्तिको परिणामको रूपमा हेरिन्छ। सृष्टिको नियम अनुसार सिद्ध प्रेमले दुवैको पीडा देखेर कसैलाई पनि हनन गर्दैन्। पूर्ण करुणाले शोषक र शोषित दुवैलाई अपनाउँछ।

जसले आफ्नो कमजोरीलाई जितेको छ, र आफ्ना सबै स्वार्थी विचारहरू त्यागेको छ यस्ता व्यक्तिहरु न त दमनकारी हुन्छन् न दमन स्वीकार गर्छन्। साँचो अर्थमा उनीहरू पूर्ण रूपमा स्वतन्त्र हुनुहुन्छ।

कमजोर मान्छेलाई सहयोग गर्न बलियो मान्छे पक्कै अगाडि आउँछन्, तर कमजोर मानिसहरू पनि सहयोग लिन अगाडि बढ्नुपर्छ।

हाम्रो विचारलाई उच्च उचाइमा पुर्‍याएर मात्र हामीले उचाइ प्राप्त गर्न सक्छौँ, जित्न सक्छौं र हामीले चाहेको सबै कुरा प्राप्त गर्न सक्छौँ। यदि हामीले आफ्नो विचारलाई माथि उठाउन सकेनौँ भने, हामी केवल अर्थहीन र क्षुद्र मानिसहरू मात्र हुनेछौँ।

कुनै पनि बस्तु प्राप्त गर्ने अघि, चाहे त्यो सांसारिक बस्तु होस्, हामीले आफूभित्र उत्पन्न हुने विचारलाई सुख-विलासभन्दा माथि उठाउनुपर्छ। हामीले सफल हुनका लागि सबै स्वार्थ त्याग्नुपर्ने आवश्यकता छैन, तर हामीले यसको केही अंश त्याग्नु पर्छ। यदि हाम्रो मुख्य विचारमा विलासिता छ भने, हामीले स्पष्ट रूपमा सोच्न सक्दैनौँ र त्यसैले हरेक क्षेत्रमा असफल हुन्छौँ। जबसम्म हामीले हाम्रा विचारहरूलाई प्रभावकारी रूपमा नियमन र नियन्त्रण गर्दैनौँ, तबसम्म हामी विभिन्न कार्यहरू र गम्भीर जिम्मेवारीहरू निर्वहण गर्न सक्षम हुने छैनौँ। शारीरिक रूपमा हेर्दा हामी आफूलाई एक्लो देख्न सक्छौँ, तर आन्तरिक रूपमा हेर्दा यस्तो परिस्थितिमा न त एक्लै काम गर्न स्वतन्त्र छौँ न कसैको सहयोगविना उभिन सक्छौँ। यी विचारहरूले हामीलाई एक्लो महसुस गर्न अनुमति दिँदैन। यी राम्रो वा नराम्रो विचार होस्, हामीले तिनीहरूलाई आफैले छानेका छौँ। हामी यसको सिमामा बाँधिएका छौँ।

आफ्नो विचारलाई आकाशको उचाइमा उठाएर मात्र हामी उचाइमा पुग्न सक्छौं, तब मात्र हामीले इच्छित विजय प्राप्त गर्न सक्छौँ र सबैथोक प्राप्त गर्न सक्छौँ।

त्याग विना न त कुनै प्रगति हुन सक्छ न कुनै उपलब्धि हासिल गर्न सकिन्छ, किनकि जीवनमा हरेक बस्तु प्राप्त गर्नको लागि हामीले मूल्य चुकाउनु पर्छ। हाम्रो सांसारिक सफलताको कुरा सोझै यससँग सम्बन्धित छ कि हामीले कतिसम्म स्वार्थ र विलासिताका विचारहरू माथि नियन्त्रण गरेका छौँ र हाम्रो योजनाहरू विकास गर्न र हाम्रो सङ्कल्प र आत्मनिर्भरतालाई बलियो बनाउन हाम्रो दिमागलाई संलग्न गरेका छौँ। हामीले आफ्नो विचारलाई जति उच्च राख्छौँ, त्यति नै तार्किक, सही र आदर्शवादी हुनेछौँ। यसबाट त्यति नै ठुलो सफलता मिल्नेछ र त्यति नै सकारात्मक, दिगो र जनताको माया र आशीर्वादले भरिपूर्ण हाम्रा उपलब्धिहरु हुनेछ।

लोभी, बेइमान र नकारात्मक विचार भएका मानिसलाई प्रकृतिले कहिल्यै समर्थन गर्दैन, यद्यपि माथि माथि हेर्दा यो सत्य होइन जस्तो लाग्न सक्छ, तर वास्तविकतामा यो होइन। प्रकृतिले इमानदार, उदार हृदय र सद्गुण आत्मालाई मद्दत गर्दछ। विभिन्न युगका महान् गुरुहरूले यसलाई विभिन्न तरिकाले व्याख्या गरेका छन्, र यसलाई जान्न र यसलाई सत्य प्रमाणित गर्न, तपाईंले आफ्नो सुखद विचारलाई सकारात्मक र उच्च बनाएर सद्गुण आत्माको रूपमा कार्य गर्नुपर्छ।

चाहे हामीले राम्रो विचारको छनोट गरेका छौँ वा नराम्रा विचारहरू; हामी हरेक परिस्थितिमा एउटै सीमितताले बाँधिएका छौँ।

प्राकृतिक सुन्दरता, बौद्धिक उपलब्धिहरू, ज्ञानको खोजी अथवा जीवनको आनन्द, यी सबै सत्यको खोजीमा समर्पित विचारहरूको परिणाम हुन्। यी उपलब्धिहरू कहिलेकाहीँ महत्वाकांक्षा र अभिमानसँग जोडिएका हुन सक्छन्। तर यी सबै यी विशेषताहरूको नतिजा होइन, तर शुद्ध र नि:स्वार्थ विचार, लामो समयदेखि निरन्तर गरिएको मेहनतको स्वाभाविक परिणाम हो।

आध्यात्मिक उपलब्धिहरू, पवित्र, महत्वाकांक्षाहरूको पूर्ति हो। जो सदा सद्गुण र उच्च विचारको भावना राख्छन्, जसले सूर्य, चन्द्रमा र बाँकी सिद्धताहरू जस्ता शुद्ध र निःस्वार्थ सबै कुरामा चिन्तन गर्छन्, तिनीहरू निश्चय नै आफ्नो चरित्रमा सद्गुण र ज्ञानी बन्छन् र प्रभावशाली र उत्कृष्ट बन्छन् राम्रो स्थितिमा उचाइसम्म पुग्छन्।

सूक्ष्म सावधानीले मात्र हामीले आफ्नो जीवनमा राम्रो विचारले प्राप्त गरेको सफलतालाई निरन्तर कायम राख्न सक्छौँ।

कुनै पनि उपलब्धि वा प्रयासको रहस्य मुकुट हो, विचारहरूको मुकुट। यो केवल व्यवस्थित रूपमा निर्देशित विचार, दृढ सङ्कल्प, आत्म-नियन्त्रण र पवित्रताको मद्दतले मात्र हामी माथि उठ्छौँ; आलस्य, आत्म-नियन्त्रणको कमी र विचारहरूमा नकारात्मकता हाम्रो पतनको कारण बन्न सक्छ। सौभाग्यवश हामी यस संसारमा हरेक उच्च सफलता हासिल गर्न सक्छौँ, जसको

विचारहरू मार्फत तिनीहरूलाई आफ्नो केन्द्रमा ल्याउन सकिन्छ। र आध्यात्मिक संसारमा पनि उच्चतम स्थानसम्म उठ्न सकिन्छ। अर्कोतर्फ, हामी निन्दक, अहंकारी, स्वार्थी र नकारात्मक विचारहरू आत्मसात गरेर कमजोर र नराम्रो अवस्थामा पुग्न सक्छौँ।

राम्ररी बुझ्ने हो भने सकारात्मक विचारहरूका माध्यमबाट प्राप्त विजयलाई सावधानीद्वारा मात्रै कायम राख्न सकिन्छ। जब सफलता निश्चित हुन्छ, धेरै मानिसहरू पछि रहन्छन् र असफल हुन्छन् किनभने जीवनमा उचाइमा पुग्नु भन्दा त्यो उचाइमा रहन गाह्रो हुन्छ।

सबै प्रकारका सफलताहरू, चाहे व्यापारिक, बौद्धिक वा आध्यात्मिक, अनिवार्य रूपमा तपाईँको निरन्तर निर्देशित विचारहरूको परिणाम हो र एउटै कानूनको अधीनमा छ र यो प्राप्त गर्ने एकमात्र तरिका हो। फरक यति मात्र हो कि सफलता हासिल गर्ने तपाईंको लक्ष्य कति ठुलो छ।

मानिसलाई जीवनमा त्यो उचाइमा पुग्न भन्दा पनि त्यो उचाइमा अडि रहन गाह्रो हुन्छ।

तितो सत्य यो पनि हो कि जीवनमा उचाईमा पुग्नु भन्दा उचाईमा अडि रहन धेरै गाह्रो हुन्छ। जीवनमा थोरै हासिल गर्नेहरूले वास्तवमा जीवनमा थोरै त्याग गरेका छन्। अर्कोतर्फ, जीवनमा ठुलो उचाइ हासिल गरेका महान व्यक्तिहरूले वास्तवमा अरूभन्दा ठुलो त्याग गर्छन्। जीवनमा उच्चतम सफलता प्राप्त गर्न चाहनेहरूले अधिकतम त्याग गर्न तयार हुनुपर्छ, सबैभन्दा ठुलो लक्ष्य प्राप्त गर्न आवश्यक छ र तब मात्र यो प्राप्त गर्न सकिन्छ।

6

उच्च आदर्श र सुन्दर परियोजना

सपना देख्नेहरू साँच्चै यस संसारका ईसदूत हुन्। सामान्यतया, साधारण आँखाले देखिने यो संसार अदृश्य द्वारा शोषित हुन्छ। त्यसै गरी मानवता, यसको सबै परीक्षा र कष्ट र पीडाहरूमा, यसको सपना देख्नेहरूको सुन्दर परियोजनाद्वारा शोषण गरिन्छ। मानव सभ्यताले आफ्नो उच्च आदर्श र सपना देख्नेहरूलाई बिर्सन सक्दैन; यी आदर्श विचार र अवधारणाहरू त्यतिकै खेर जान दिँदैन। यी आदर्श विचार र परियोजनाहरू मान्छेका अन्तरमनमा समाहित छन्। मानवताले तिनीहरूलाई सधैं जीवित मानेको छ, मानौँ एक दिन तिनीहरूले यो देख्नेछन् र हामीले थाहा पाउनेछौं।

पैगम्बरहरू, सन्तहरू, ऋषिहरू, संगीतकारहरू, मूर्तिकारहरू, चित्रकारहरू, लेखकहरू, साहित्यकारहरू र कविहरू; तिनीहरू सबैले वास्तविकताबाट अलग संसार सिर्जना गर्छन्, तिनीहरू साँच्चै स्वर्गका वास्तुकार हुन्। यी परिश्रमी सपना देख्नेहरू बिना यो संसार आजको जस्तो सुन्दर हुने थिएन। यदि यो हुन सकेन भने मानवता लोप हुनेछ।

जसले आफ्नो हृदयमा सुन्दर दर्शन र उच्च आदर्शको बीज बोकेका छन्, उनीहरू एकदिन सफल हुनेछन्। अन्वेषक कोलम्बसले आफूबाट करोडौँ माइल टाढाको देश एउटाको पत्ता लगाउने विचार आफ्नो हृदयमा मात्र राखेका थिए र समयसँगै त्यसलाई साकार पनि गरे। कोपर्निकसले यस संसारको विविधता र विस्तारित ब्रह्माण्डको अस्तित्वको परिकल्पनाको बीज शोषण गरेका थिए र उनले संसारलाई प्रकट गरे। बुद्धले विश्वको लागि पवित्र सुन्दर र पूर्ण शान्तिको आध्यात्मिक संसारको दर्शनको कदर गर्नुभयो। त्यसपछि उहाँ आफैँ यस पूर्ण शान्तिमा प्रवेश गर्नुभयो।

यस संसारका ईसदूत भनेको सपना
देख्ने मानिसहरू हुन्।

तपाईं आफ्नो कल्पना सिमित गर्नुहोस्, तिनीहरूलाई शोषित गर्नुहोस्, तिनीहरूलाई आकार दिने कल्पना गर्नुहोस्। यसपछि मात्र उनीहरूमा सकारात्मक परिस्थिति र राम्रो वातावरणको जन्म हुनेछ र उनीहरू लहरो जस्तै हुर्कनेछन्। यदि तपाईं यसमा इमान्दार रहनुभयो भने, तपाईँले आफ्नो मनको संसार सिर्जना गर्नुहुनेछ।

इच्छाले मात्र प्राप्त गर्न सकिन्छ, आकांक्षा गरेर प्राप्त गर्न सकिन्छ। के हाम्रा सामान्य इच्छाहरू पूर्णतया पूरा हुनुपर्छ र हाम्रा शुभ र महत्त्वपूर्ण आकांक्षाहरू पोषणको अभावमा नष्ट हुनु पर्छ? के यो सम्भव छ? सौभाग्यवश, ब्रह्माण्डको एउटा मात्र नियम छ: माग्नुहोस् र प्राप्त गर्नुहोस्। माग्नु र चाहनुमा फरक छ। नियमअनुसार माग र चाहनाबिच उचित तालमेल राखेर माग गर्नुहोस्, पाउनु हुनेछ।

ठुलो सपना देख्नुहोस, अनि तपाईं जे सपना देख्नुहुन्छ त्यही बन्नुहुनेछ। तपाईंको परियोजना त्यसको वचन हो जो तपाईं एक दिन के बन्नुहुनेछ, तपाईंको आदर्श भनेको तपाईँले पर्दा उठाउँदा तपाईँले के देख्नुहुनेछ भन्ने भविष्यवाणी हो।

आज हामीले देखेका धेरै ठुला उपलब्धिहरू लामो समयसम्म त केवल सपना मात्र थिए। चेस्टनट अर्थात् ओकको रूख एकोर्नमा लुकेको छ, सानो चरा अण्डा भित्र बढ्छ र आत्माको उच्चतम अवधारणाले यस संसारमा जागृत मानिस मात्र देवदूत बन्छन्। साँचो अर्थमा सपनाहरू नै वास्तविकताका बीज हुन्।

तपाईंको परिस्थितिहरू प्रतिकूल हुन सक्छ, तर यदि तपाईँले केवल एक आदर्श विचार दिमागमा राख्नुभयो र यसलाई प्राप्त गर्न कडा परिश्रम गर्नुभयो भने यो लामो समयसम्म रहनेछैन। यो यात्रा बाहिरबाट भित्रसम्म गर्नु छ, बाहिर उभिएर आन्तरिक यात्रा सम्भव छैन।

आफ्ना परियोजनाहरूलाई निरन्तर पालनपोषण गर्नुहोस्,
तिनीहरूलाई साकार रूप दिनलाई पल्लवित गर्नुहोस्।

एउटी केटी र एउटा केटो, दुबै चरम गरिबीमा बाँचिरहेका छन्। गरिबी र कामको बोझले दबिएका ती दुवै जना लामो समयदेखि अस्वच्छ अवस्थामा बाँचिरहेका छन्, शिक्षा र सबै प्रकारका शिष्टाचारबाट टाढा छन्। तर दुबै राम्रो जीवनको सपना देख्छन् र आफ्नो जीवनमा बुद्धि, अनुग्रह, शिष्टता र सुन्दरताको कल्पना गर्छन्। तिनीहरू मानसिक रूपमा एउटा आदर्श जीवन परिस्थितिको कल्पना गर्छन् र स्वतन्त्रताले भरिएको जीवनको सपना देख्छन् र यी महान आकांक्षाहरू तिनीहरूको दिमागमा गहिरो रूपमा गाँस्छन्।

मनमा उत्पन्न हुने यस व्याकुलताले गर्दा उनीहरुले आफ्नो सुतिरहेको शक्ति र साघनलाई जगाउने र विकास गर्नमा थोरै भए पनि राम्रो कर्म गर्न र आफ्नो बाँकी समय र साधनको सदुपयोग गर्न प्रेरित हुन्छन्। चाँडै उनीहरूको दिमागमा यति धेरै परिवर्तनहरू आउन थाल्छन् कि उनीहरू त्यो कारखानामा सीमित रहन सक्दैनन्। उसको काम उसको सोचसँग यति मिल्दैन कि उसले त्यसबाट बाहिर निस्कने प्रयास

गर्छ मानौँ जसरी मानिसले आफ्नो फोहोर लुगा निकालेर फ्याँकिदिन्छ। उनीहरूका लागि उनीहरूको विचार अनुरूप अवसरहरू बढ्दै जाँदा, तिनीहरूको आध्यात्मिक शक्ति र कार्यक्षेत्र, कार्यदक्षता विस्तार हुँदै जान्छ र अन्ततः तिनीहरू आफ्नो नरकको जीवनबाट सदाको लागि बाहिर आउँछन्।

विश्वास गर्नुहोस्; पुरै दृढ संकल्पका साथ तपाईंले केही माग्ने तपाईंले त्यो प्राप्त गर्नुहुनेछ।

अब वर्षौं पछि, जब उनी किशोर र वयस्क भइसकेका छन्, हामी देख्न सक्छौँ कि उनी दिमागका केही शक्तिहरूको मालिक पनि बनेका छन्। यो एउटा प्रयोगले सारा संसारमा प्रभाव छोड्छ र उनी अब आफ्नो क्षेत्रमा एक किंवदंती बनेका छन्। यी वयस्कहरूको काँधमा नयाँ तर अझ ठुलो जिम्मेवारीहरू छन्। उनका भनाइले अहिले मानिसको जीवन परिवर्तन भएको छ। मानिसहरूले पनि उहाँका शब्दहरू पछ्याउँछन् र आफ्ना विचारहरूलाई पात्रहरूको नयाँ ढाँचामा ढाल्छन्। सूर्य जस्तै, उहाँ पनि सबै चीजको केन्द्र बनेको छ, जसको वरिपरि असंख्य मानिसहरू घुम्छन्। वास्तवमा, सकारात्मक कल्पनाको मद्दतले उनले अब आफ्नो बाल्यकालको सपनालाई वास्तविकतामा परिणत गरेका छन्।

ठुलो सपना देख, जस्तो सपना तिमी देख्छौ तिमी त्यस्तै बन्छौ।

त्यसैगरी, तपाईं पनि आफ्नो सपना साकार बनाउन सक्नुहुन्छ। चाहे तिनीहरू मामूली होस् वा महान वा दुवैको मिश्रण। तपाईं सधैँ उसै तर्फ झुक्नुहुन्छ जसलाई तपाईले धेरै माया गर्नुहुन्छ। यसका कारण तपाईँको विचारहरूको उचित परिणामहरू तपाईंका हातमा राखिनेछ। याद राख्नुहोस्, तपाईंले केवल त्यो पाउनुहुनेछ जसका लागि तपाईं योग्य हुनुहुन्छ, न त थोरै न धेरै। तपाईं आफ्नो विचार र सपना अनुसारको तल खस्नु हुन्छ, त्यही रहनुहुन्छ अथवा फेरी माथि उठ्नुहुन्छ। तपाईं आफ्नो इच्छा जत्तिकै सानो वा तपाईँको प्रबल आकांक्षाहरू जत्तिकै ठुलो बन्नुहुनेछ।

स्टैन्टन कर्कहैम डेभिसले कति सुन्दर शब्दहरू लेखेका छन्। उनी लेख्छन्–

"तपाईँ टाइप गर्दै हुनुहुन्छ, र त्यसपछि तपाईं ढोकाबाट बाहिर निस्कनुहुनेछ जुन सधैँ तपाईंको सपनाहरू अवरुद्ध भएको देखिन्छ, र तपाईंले आफैलाई दर्शकहरूको अगाडि भेट्टाउनुहुनेछ। कलम अझै पनि तपाईंको कानमा अड्किएको छ। मसीका छिड्का तपाईंका औंलाहरूमा लतपत छन् र तपाईँ आफ्नो प्रेरणा धाराप्रवाह बोल्नुहुनेछ।" "तपाईं भेडा चरिरहेका हुन सक्नुहुन्छ र तपाईँ गाउँबाट सहर जाँदै हुनुहुन्छ, तर तपाईं आत्माको साहसी निर्देशनमा मास्टरको स्टुडियोमा हिड्नुहुनेछ र त्यहाँ एक समय आउनेछ जब उहाँले भन्नुहुनेछ 'अब मलाई तपाईँलाई केहि सिकाउन बाँकी छैन।' तब तपाईं एकजना महारथी बन्नुहुनेछ। त्यो महारथी जसले भेडा चराउँदा ठुला सपना देखेथ्यो। बञ्चरो फालेर संसारलाई पुनर्जीवित गर्ने जिम्मेवारी लिनुहुनेछ।"

विचारहीन, धूर्त, अज्ञानी, अल्छी र नीरस मानिसहरूले यथार्थमा घटेको घटनाको परिणाम मात्र देख्न सक्छन्। यसका पछाडिको अमूर्त अवस्थालाई उनीहरूले ध्यान दिन सक्दैनन्। किनकी त्यो घटना उनीहरुले सामान्य आँखाले

देख्दैनन्। त्यसैले त उनीहरु सधैँ भाग्य, ललाट र संयोगको बारेमा रुँदै आएका छन्। कुनै व्यक्तिलाई धनी भएको देखेर मान्छे भन्छन् "उसको भाग्य धेरै राम्रो छ।" कसैलाई बुद्धिमत्ता प्राप्त गरेको देखेर भन्छन्– "उ भित्र यो प्रतिभा जन्मजात छ।" र सन्तको जस्तो आचरण र वरिपरि मानिसहरुको जमघट र त्यसमा रहेको ईश्वरीय प्रभाव देखेर उनीहरु भन्छन्, "यो संयोग मात्रै हो, जसले उनलाई हरेक पल्ट सहयोग गरेको छ।" निष्पक्ष रूपमा भन्नुपर्दा, यी मानिसहरू यो सफलता र यी परिणामहरू प्राप्त गर्नेहरूका कठिनाइहरू, असफलताहरू र संघर्षहरू देख्न असमर्थ छन्। यसो भन्ने व्यक्तिलाई यो सबैका लागि कति त्याग, कति मिहिनेत र कति कोशिस गरेको छ, आफू र अरूमा कति विश्वास छ, जसको कारणले गर्दा आफूले यो संकटलाई जितेको छ भन्ने अलिकति पनि कल्पना हुँदैन। उसको बाटोमा आएका ठुला बाधाहरू र उनको मनको ठुलो सपना साकार भयो। तर यसको पछाडिको बलिदान आम मानिसले देख्न नपाउनु दुर्भाग्य हो। जुन सफलता उसले सामान्य आँखाले देखिरहेको छ, त्यसको पछाडिको दुःख र कष्ट उसले देख्न सक्दैन। तिनीहरूमा केवल चम्किलो

उज्यालो र खुशी मात्र देखिन्छ। र, उनीहरू यसलाई सफल व्यक्तिको भाग्य भन्छन्। तिनीहरूले यस क्रमको कठिन र लामो यात्रा देख्दैनन्। तिनीहरूले सुखी परिणाम पुग्ने प्रक्रिया मात्र देख्न सक्षम छन्। त्यसैले उनीहरू यसलाई सजिलै 'सौभाग्य' भन्छन्। यी मानिसहरू अहिले प्राप्त परिणामको सम्पूर्ण प्रक्रियालाई नदेखेर लक्ष्य प्राप्तिलाई 'संयोग' मात्र भनिरहन्छन्।

सपना नै वास्तविकताको बीज हो।

मानिसको हरेक कर्ममा पहिले विचार पछि प्रयास र अन्तिम परिणाम हुन्छ। प्रयासको शक्तिले परिणाम निर्धारण गर्दछ। प्रयास र परिणामको बिचमा 'संयोग' मापन कहिल्यै हुन सक्दैन। प्रतिभा र शक्ति प्रयासको परिणाम हो। यस संसारमा

भएका सबै भौतिक, बौद्धिक र आध्यात्मिक उपलब्धिहरू प्रयासको अन्तिम रूपमा जन्मिएका परिणाम हुन्। कुनै पनि प्रत्यक्ष देखिने उपलब्धिको मतलब 'त्यो विचारले अब पूर्णता हासिल गरेको छ।' त्यो सपनाको बीजबाट प्राप्त भएको लक्ष्य वास्तवमा साकार भएको हो।

प्रयासले मात्र परिणाम तर्फ लैजान्छ।

जुन क्षण तपाईँ मनमा सपना देख्नुहुन्छ र त्यसको सदुपयोग गरेर महान बनाउनुहुन्छ, त्यही क्षणबाट तपाईँले आफ्नो अनुसारको जीवन बिताउन थाल्नुहुन्छ। जब तपाईं यो विचारलाई आफ्नो हृदयको सिंहासनमा राख्नुहुन्छ, त्यही क्षणबाट तपाईं आफू जे बन्न चाहनुहुन्छ त्यही बन्न थाल्नुहुन्छ र त्यसअनुसार आफ्नो जीवनलाई ढाल्नु हुन्छ।

7

शान्ति

मनको शान्ति एक बुद्धिमान व्यक्तिको बुद्धिको सुन्दर गहना हो। बुद्धिमत्ता लगातार धैर्य र आत्म-नियन्त्रणको दीर्घकालीन प्रयासहरूको परिणाम हो। मानसिक शान्ति एक परिपक्व व्यक्तिको अनुभवको संकेत हो। यसबाट यो स्पष्ट हुन्छ कि त्यो व्यक्तिमा नियम र विचार प्रक्रियाहरूको अरू भन्दा बढी समझ र ज्ञान छ।

मानिस शान्त रहन सक्ने एउटा सीमा हुन्छ। कुनै पनि मानिस एउटा सीमा रेखासम्म शान्त रहन्छ जहाँसम्म उसले विश्वास गर्छ कि यो जीवनमा उसको विचारको परिणाम हो। यहाँ मानिसले आफूसामु देखा पर्ने परिस्थिति र व्यक्तित्व पनि आफ्नै विचारको परिणाम हो भन्ने बुझ्नु परम आवश्यकता छ। जसलाई यो देखेर अन्तरदृष्टि विकसित हुन्छ, तब यो बुझाईले कारण र प्रभाव स्पष्ट देख्न थाल्छ। यसपछि उनी कुनै कारण वा परिस्थितिबाट विचलित हुँदैनन्। उनको मनमा उत्ताउलो पनको भावना डगमगाउँदैन। उहाँ न चिन्तित हुनुहुन्छ न दुःखी हुनुहुन्छ। उहाँले हरेक परिस्थिति र परिस्थितिमा सन्तुलन र शान्ति कायम राख्नुहुन्छ।

जसले शान्ति धारण गरेको छ उसले आफैलाई शासन गर्ने कला सिक्छ। यसका साथै उसले अरूप्रति कस्तो व्यवहार गर्नुपर्छ भन्ने पनि सिक्छ। त्यसपछि

उसलाई देख्ने मानिसहरू उसको आध्यात्मिक शक्ति देखेर पागल बन्छन्। उनीहरु सबैलाई लाग्छ कि उनीहरुले पनि यो शान्त व्यक्तिबाट सिकिरहेका छन् र त्यो व्यक्तिमा उनीहरुको विश्वास क्रमशः बढ्दै जान्छ। मानिस जति शान्त हुन्छ, त्यति नै उसको प्रतिष्ठा, सफलता र अरूमाथिको प्रभाव बढ्छ। सामान्य व्यवसायीले पनि आत्मसंयम र मानसिक शान्तिको विकास गर्यो भने उसको व्यवसाय पनि निकै समृद्ध हुन्छ। यसो किनहुन्छ भने अन्य मानिसहरू पनि सधैँ तटस्थ आचरण र मित्रवत व्यवहार भएको व्यक्तिसँग व्यापार गर्न चाहन्छन्। यी गुणहरू हुन् जुन एक शान्त व्यक्तिमा देखा पर्दछ।

शान्ति धारण गर्नेहरू; स्वयंका शासक हुन्छन्।

मानिस जुनसुकै होस्, उसले शान्त र तटस्थ व्यक्तिलाई माया गर्छ। सबैले उसलाई आदर र सम्मान गर्छन्। उसको उपस्थिति मरुभूमिमा छायाको रूख जस्तै हुन्छ। उ एउटा बलियो र स्थिर चट्टान जस्तै हुन्छ जसले आँधीबेहरीमा सहारा दिन्छ।

शान्त मन भएको व्यक्तिसँग कसको प्रेम हुँदैनहोला ? जीवन सन्तुलित भएको व्यक्तिलाई कसले माया गर्दैन र? पानी परेको होस् वा घाम चर्केको होस् उसलाई कुनै फरक पर्दैन, यस्ता मानिसको जीवनमा कस्तै पनि परिस्थिति आए पनि कुनै फरक पार्दैन। परिस्थिति जस्तोसुकै भए पनि उनीहरू सधैँ शान्त रहन्छन्। चारित्रिक तटस्थता र सन्तुलन, जसलाई हामी शान्ति भन्छौँ, एक सभ्य व्यक्तिको अन्तिम पाठ हो। यो जीवनको फूल र आत्माको फल हो। यो सुन भन्दा धेरै मूल्यवान छ र बुद्धि भन्दा बढी

चाहने लायक छ। एकजना शान्त व्यक्तित्वको लागि, सबै कुरा सरल र सुलभ छ; यस्ता व्यक्तिको लागि, शान्तिपूर्ण र मायालु जीवनको आशामा समृद्धिको चाहना महत्त्वपूर्ण हुन्छ। यस्ता शान्तिप्रेमी व्यक्तिको जीवन सत्यको सागरको गहिराइसम्म शान्तिको वास हुन्छ, जसलाई आँधीले पनि छुन सक्दैन।

हामी धेरै यस्ता व्यक्तिहरूलाई चिन्छौँ जसले आफ्नो क्रोधित र बिग्रिएको स्वभावले आफ्नो जीवनको स्वादलाई बेस्वाद बनाइदिएका छन्। तिनीहरूले आफ्नो चारित्रिक तटस्थता गुमाउँछन् र अनावश्यक रूपमा मानिसहरूसँग शत्रुता बनाउछन्। धेरैजसो मानिसले आफूलाई नियन्त्रण गर्न नसकेर आफ्नो सुखी जीवनलाई बर्बाद पार्छन् र विगतमा प्राप्त गरेको खुसीलाई पनि नष्ट गर्छन्। जीवनको यात्रामा, हामीले त्यो शान्ति प्राप्त गरेका र चरित्रमा तटस्थ भएका व्यक्तिहरू थोरै भेट्छौं।

मानिस अनियन्त्रित भावनाको गतिमा दौडिरहन्छ। अनियन्त्रित चिन्ता र दुःखले पिटिन्छ र धेरै अनावश्यक कुरा र शंका बोकेर धुलोमा गाडिन्छ। केवल एकजना कुशल व्यक्तिले मात्र यसलाई नियन्त्रण गर्न सक्छ र आत्मामा चल्ने आँधी र घोर अन्धकारको बिचमा नियन्त्रित र शुद्ध विचारहरू मन्थन गर्न सक्छ। केवल उसले सबैभन्दा प्रतिकूल परिस्थितिहरूमा आफय भित्र पछ्याउने आदेशहरू प्राप्त गर्न सक्छ। यो कुरा तपाईंले प्रष्ट जान्नु पर्छ कि तपाईं जहाँ बसे पनि, जस्तोसुकै हालतमा होस्, जीवनको विशाल सागरमा जताततै मुस्कुराहटका टापुहरू छन्।

यी टापुहरू तपाईँ भित्र हलचल भइरहेको महान् सपनाहरूलाई एक सुखद किनारा दिनको लागि पर्खिरहेका छन्। आफ्नो विचारको धागोलाई दृढतापूर्वक समात्नुहोस्। आदेश दिने गुरु तपाईँका आत्माको केन्द्रमा हुनुहुन्छ। ऊ केवल र आंशिक रूपमा सुतिरहेको छ, उसलाई घचघच्याउनुहोस्। आत्म-नियन्त्रण नै तपाईँको शक्ति हो। आफ्नो हृदयलाई शान्त हुन भन्नुहोस्, आफ्नो मनलाई शुभ र सुखद विचारहरू व्यक्त गर्न भन्नुहोस्, सही र सकारात्मक सोच्नुहोस्, शुभ विचारहरू आफ्नो भित्र स्वतन्त्र रूपमा प्रवेश गर्न दिनुहोस्। मानिसहरूले आफ्नो मनमा यस्तै विचारहरू उत्पन्न हुन दिनुपर्छ।

यी शुभ र सुखद विचारहरूलाई मस्तिष्कमा आउन दिनुपर्छ र तिनीहरूलाई साकार बनाउने इच्छालाई पालनपोषण गर्नुपर्छ। यदि तपाई साँच्चै आफ्नो जीवनलाई खुशीले भर्न चाहनुहुन्छ भने, यो मनोकामनालाई यथार्थ बनाउन सकेसम्म राम्रो सोच्नुहोस् र यो इच्छालाई वास्तविकतामा ल्याउन राम्रो विचारहरू प्रयोग गर्नुहोस्। यदि तपाई आफ्नो जीवनलाई समृद्ध बनाउन चाहनुहुन्छ भने, आफ्नो मनमा समृद्धिले भरिएको विचारलाई आमन्त्रित गर्नुहोस् यदि तपाई

आफ्नो जीवनलाई निरोगी र स्वस्थ बनाउन चाहनुहुन्छ भने, आफ्नो विचारमा स्वस्थ विचारहरू समावेश गर्नुहोस्। जब तपाईं यो लगातार गर्न सुरु गर्नुहुन्छ, तपाईं यसको परिणाम देख्न सुरु गर्नुहुनेछ। अन्तमा, तपाईंको जीवन तपाईंको सोच अनुसारको बन्छ।

विचार परिवर्तन गर्दै तपाईंको जीवन परिवर्तन हुनेछ।

LIST OF TITLES WITH ISBN NO.

ISBN	TITLE
9788194914129	1984
9789390575220	1984 & Animal Farm (2In1)
9789390575572	1984 & Animal Farm (2In1): The International Best-Selling Classics
9789390575848	35 Sonnets
9789390575329	A Clergyman's Daughter
9789390575923	A Study In Scarlet
9789390896097	A Tale Of Two Cities
9789390896837	Abide in Christ
9789390896202	Abraham Lincoln
9789390896912	Absolute Surrender
9789390896608	African American Classic Collection
9789390575305	Aldous Huxley: The Collected Works
9789390896141	An Autobiography of M. K. Gandhi
9789390575886	Animal Farm
9789390575619	Animal Farm & The Great Gatsby (2In1)
9789390575626	Animal Farm & We
9789390896158	Anna Karenina
9789390575534	Antic Hay
9789390896165	Antony & Cleopatra
9789390896172	As I Lay Dying
9789390896226	As You like it
9789390575671	At Your Command
9789390575350	Awakened Imagination
9789390575114	Be What You Wish
9789390896233	Believe In yourself
9789390896998	Best of Charles Darwin: The Origin of Species & Autobiography
9789390896684	Best Of Horror : Dracula And Frankenstein
9789390575503	Best Of Mark Twain (The Adventures of Tom Sawyer AND The Adventures of Huckleberry Finn)
9789390896769	Black History Collection
9789390575756	Brave New World, Animal Farm & 1984 (3in1)

9789390896240	Brother Karamzov
9789390575053	Bulleh Shah Poetry
9789390575725	Burmese Days
9789390896257	Bushido
9789390896066	Can't Hurt Me
9788194914112	Chanakya Neeti: With The Complete Sutras
9789390896042	Crime and Punishment
9789390575527	Crome Yellow
9789390575046	Down and Out in Paris and London
9789390896844	Dracula
9789390575442	Emersons Essays: The Complete First & Second Series (Self-Reliance & Other Essays)
9789390575749	Emma
9789390575817	Essential Tozer Collection - The Pursuit of God & The Purpose of Man
9789390896578	Fascism What It Is and How to Fight It
9789390575688	Feeling is the Secret
9789390575190	Five Lessons
9789390575954	Frankenstein
9789390575237	Franz Kafka: Collected Works
9789390575282	Franz Kafka: Short Stories
9789390575060	George Orwell Collected Works
9789390575077	George Orwell Essays
9789390575213	George Orwell Poems
9788194914150	Greatest Poetry Ever Written Vol 1
9788194914143	Greatest Poetry Ever Written Vol 1
9789390896301	Gulliver's Travel
9789390575961	Gunaho Ka Devta
9789390575893	H. P. Lovecraft Selected Stories Vol 1
9789390575978	H. P. Lovecraft Selected Stories Vol 2
9789390896059	Hamlet
9789390575022	His Last Bow: Some Reminiscences of Sherlock Holmes
9789390896134	History of Western Philosophy
9789390575121	Homage To Catalonia

9789390896219	How to develop self-confidence and Improve public Speaking
9789390896295	How to enjoy your life and your Job
9789390575633	How to own your own mind
9789390896318	How to read Human Nature
9789390896325	How to sell your way through the life
9789390896370	How to use the laws of mind
9789390896387	How to use the power of prayer
9789390896028	How to win friends & Influence People
9788194824176	How To Win Friends and Influence People
9789390896103	Humility The Beauty of Holiness
9789390896653	Imperialism the Highest Stage of Capitalism
9789390575084	In Our Time
9789390575169	In Our Time & Three Stories and Ten poems
9789390575145	James Allen: The Collected Works
9789390896189	Jesus Himself
9789390575480	Jo's Boys
9789390896394	Julius Caesar
9789390575404	Keep the Aspidistra Flying
9789390896400	Kidnapped
9789390896424	King Lear
9789390575824	Lady Susan
9789390896455	Law of Success
9789390896264	Lincoln The Unknown
9789390575565	Little Men
9789390575640	Little Women
9788194914174	Lost Horizon
9789390896462	Macbeth
9789390896929	Man Eaters of Kumaon
9789390896523	Man The Dwelling Place of God
9789390896349	Man The Dwelling Place of God
9789390575909	Mansfield Park
9788194914136	Manto Ki 25 Sarvshreshth Kahaniya
9789390896509	Marxism, Anarchism, Communism
9789390575664	Mathematical Principles of Natural Philosophy

9788194914198	Meditations
9789390575800	Mein Kampf
9789390575794	Memory How To Develop, Train, And Use It
9789390896486	Mind Power
9789390896585	Money
9789390575039	Mortal Coils
9789390575770	My Life and Work
9789390896035	Narrative of the Life of Frederick Douglass
9789390575152	Neville Goddard: The Collected Works
9789390575985	Northanger Abbey
9789390896530	Notes From Underground
9789390896547	Oliver Twist
9789390575459	On War
9789390575541	One, None and a Hundred Thousand
9789390896554	Othelo
9789390575435	Out Of This World
9789390575015	Persuasion
9789390575510	Prayer The Art Of Believing
9789390575091	Pride and Prejudice
9789390896561	Psychic Perception
9789390575381	Rabindranath Tagore - 5 Best Short Stories Vol 2
9789390575367	Rabindranath Tagore - Short Stories (Masters Collections Including The Childs Return)
9789390575374	Rabindranath Tagore 5 Best Short Stories Vol 1 (Including The Childs Return
9789390896622	Romeo & Juliet
9789390896127	Sanatana Dharma
9789390575596	Seedtime & Harvest
9789390896639	Selected Stories of Guy De Maupassant
9789390575206	Self-Reliance & Other Essays
9789390575176	Sense and Sensibility
9789390575299	Shyamchi Aai
9789390896738	Socialism Utopian and Scientific
9789390896646	Success Through a Positive Mental Attitude
9789390575428	The Adventures of Huckleberry Finn

9789390575183	The Adventures of Sherlock Holmes
9789390575343	The Adventures of Tom Sawyer
9789390896691	The Alchemy Of Happiness
9789390575862	The Art Of Public Speaking
9789390896288	The Autobiography Of Charles Darwin
9788194914181	The Best of Franz Kafka: The Metamorphosis & The Trial
9789390575008	The Call Of Cthulhu and Other Weird Tales
9789390575107	The Case-Book of Sherlock Holmes
9789390896110	The Castle Of Otranto
9789390896745	The Communist Manifesto
9789390575589	The Complete Fiction of H. P. Lovecraft
9789390575497	The Complete Works of Florence Scovel Shinn
9789390896820	The Conquest of Breard
9789390896813	The Diary of a Young Girl
9789390896332	The Diary of a Young Girl The Definitive Edition of the Worlds Most Famous Diary
9789390575701	The Great Gatsby, Animal Farm & 1984 (3In1)
9789390575312	The Greatest Works Of George Orwell (5 Books) Including 1984 & Non-Fiction
9789390575992	The Hound of Baskervilles
9789390896707	The Idiot
9789390896714	The Invisible Man
9789390575657	The Knowledge of the holy
9789390575558	The Law & the Promise
9789390896721	The Law Of Attraction
9789390896776	The Leader in you
9789390896363	The Life of Christ
9789390896196	The Man-Eating Leopard of Rudraprayag
9789390896783	The Master Key to Riches
9789390575268	The Memoirs Of Sherlock Holmes
9789390896479	The Midsummer Night's Dream
9789390575466	The Mill On The Floss
9789390896790	The Miracles of your mind
9789390896660	The Mutual Aid A Factor in Evolution
9789390896448	The Origin of Species

9789390896905	The Peter Kropotkin Anthology The Conquest of Bread & Mutual Aid A Factor of Evolution
9789390896806	The Picture of Dorian Gray
9789390896271	The Picture of Dorian Gray
9789390575275	The Power Of Awareness
9789390896356	The Power of Concentration
9788194824169	The Power of Positive Thinking
9789390575411	The Power of the Spoken Word
9788194914105	The Power Of Your Subconscious Mind
9789390896899	The Power of Your Subconscious Mind
9789390896417	The Principles of Communism
9789390575787	The Psychology Of Mans Possible Evolution
9789390896615	The Psychology of Salesmanship
9789390575732	The Pursuit of God
9789390575398	The Pursuit of Happiness
9789390896851	The Quick and Easy Way to effective Speaking
9789390575947	The Return Of Sherlock Holmes
9789390575138	The Road To Wigan Pier
9789390896981	The Root of the Righteous
9789390575855	The Science Of Being Well
9788194914167	The Science Of Getting Rich, The Science Of Being Great & The Science Of Being Well (3In1)
9789390896011	The Screwtape Letters
9789390896073	The Screwtape Letters
9789390575336	The Secret Door to Success
9789390575695	The Secret Of Imagining
9789390896868	The Secret Of Success
9789390896431	The Seven Last Words
9789390575930	The Sign of the Four
9789390896004	The Sonnets
9789390896516	The Souls of Black Folk
9789390896875	The Sound and The Fury
9789390575244	The State and Revolution
9789390896882	The Story of My Life
9789390896936	The Story Of Oriental Philosophy

9789390896752	The Strange Case of Dr. Jekyll and Mr. Hyde
9789390896943	The Tempest
9789390575916	The Valley Of Fear
9789390575879	The Wind in the willows
9789390896080	The Wind in the willows
9789390575763	Their eyes were watching gofd
9789390575831	Three Stories
9789390896950	Twelfth Night
9789390896592	Twelve Years a Slave
9789390896677	Up from Slavery
9789390896974	Value Price and Profit
9789390896967	Wake Up and Live
9789390896493	With Christ in the School of Prayer
9789390575602	Your Faith is Your Fortune
9789390575473	Your Infinite Power To Be Rich
9789390575251	Your Word is Your Wand
9789390575718	Youth
9789391316099	A Christmas Carol
9789391316105	A Doll's House
9789391316501	A Passage to India
9789391316709	A Portrait of the Artist as a Young Man
9789391316112	A Tale of Two Cities
9789391316747	A Tear and a Smile
9789391316167	Agnes Gray
9789391316174	Alice's Adventures in Wonderland
9789391316136	Anandamath
9789391316181	Anne Of Green Gables
9789391316754	Anthem
9789391316198	Around The World in 80 Days
9789391316013	As A Man Thinketh
9789391316242	Autobiography of a Yogi
9789391316266	Beyond Good and Evil
9789391316761	Bleak House
9789391316778	Chitra, a Play in One Act
9789391316310	David Copperfield

9789391316075	Demian
9789391316785	Dubliners
9789391316051	Favourite Tales from the Arabian Nights
9789391316235	Gitanjali
9789391316068	Gravity
9789391316150	Great Speeches of Abraham Lincoln
9789391316662	Guerilla Warfare
9789391316839	Kim
9789391316822	Mother
9789391316211	My Childhood
9789391316846	Nationalism
9789391316327	Oliver Twist
9789391316853	Pygmalion
9789391316334	Relativity: The Special and the General Theory
9789391316389	Scientific Healing Affirmation
9789391316341	Sons and Lovers
9789391316587	Tales from India
9789391316372	Tess of The D'Urbervilles
9789391316396	The Awakening and Selected Stories
9789391316402	The Bhagvad Gita
9789391316303	The Book of Enoch
9789391316228	The Canterville Ghost
9789391316907	The Dynamic Laws of Prosperity
9789391316006	The Great Gatsby
9789391316860	The Hungry Stones and Other Stories
9789391316433	The Idiot
9789391316440	The Importance of Being Earnest
9789391316297	The Light of Asia
9789391316914	The Madman His Parables and Poems
9789391316457	The Odyssey
9789391316921	The Picture of Dorian Gray
9789391316464	The Prince
9789391316938	The Prophet
9789391316945	The Republic
9789391316518	The Scarlet Letter

9789391316143	The Seven Laws of Teaching
9789391316525	The Story of My Experiments with Truth
9789391316532	The Tales of the Mother Goose
9789391316549	The Thirty Nine Steps
9789391316594	The Time Machine
9789391316600	The Turn of the Screw
9789391316983	The Upanishads
9789391316617	The Yellow Wallpaper
9789391316426	The Yoga Sutras of Patanjali
9789391316990	Ulysses
9789391316624	Utopia
9789391316679	Vanity Fair
9789391316020	What Is To Be Done
9789391316686	Within A Budding Grove
9789391316693	Women in Love

www.ingramcontent.com/pod-product-compliance
Ingram Content Group UK Ltd.
Pitfield, Milton Keynes, MK11 3LW, UK
UKHW041406020826
14184UKWH00026B/275

9 789362 054388